교열
기자의
오답
노트

교열기자의 오답노트

© 박재역, 2017

1판 1쇄 발행 __ 2017년 02월 20일
1판 2쇄 발행 __ 2022년 04월 30일

지은이 __ 박재역
펴낸이 __ 홍정표

펴낸곳 __ 글로벌콘텐츠
　　　　 등록 __ 제25100-2008-000024호

공급처 __ (주)글로벌콘텐츠출판그룹
　　　　 대표 __ 홍정표　 이사 __ 김미미　 편집 __ 하선연 권군오 이정선 문방희　 기획·마케팅 __ 김수경 이종훈 홍민지
　　　　 주소 __ 서울특별시 강동구 풍성로 87-6　 전화 __ 02-488-3280　 팩스 __ 02-488-3281
　　　　 홈페이지 __ www.gcbook.co.kr

값 18,000원
ISBN 979-11-5852-134-9 03700

쉽게 글을 고치고 다듬을 수 있는
'문장 클리닉' 비결이 담긴 책

# 교열
# 기자의
# 오답
# 노트

박재역 지음

글로벌콘텐츠

# 강산이 두 번 바뀌는 동안

주위 친구들이 나를 보며 가끔 부러워할 때가 있다.

그렇다고 내가 남들이 그렇게 부러워할 만큼 잘난 것도, 남들보다 돈이 많은 것도, 유명한 전국구 강사도, 권력을 휘두를 만한 자리에 있는 것도 아니다. 단지 남들이 쉽게 갖지 못하는 기술이 한 가지 있다는 것뿐이다. 하긴 문장 교열도 기술은 기술이니까.

오랫동안 문장을 고치고 다듬다 보니 문장에 눈만 가면 오류가 스스로 자수하는 듯하고, 사전 없이 직관에 따라 수정해도 '교열 사고'란 게 거의 없으니까. 언제 어디서나 눈에 띄는 건 온통 오류뿐이고…. 그래서 가끔은 '과잉 교열'이라는 핀잔을 듣기도 하지만 그런 얘기를 들을수록 '남들이 쉽게 넘기 어려운 걸 나는 넘었구나' 하는 자부심으로 20년을 살아왔다. "우리말 맞춤법은 너무 어렵고 복잡해"라는 짜증이 섞인 말을 들을 때도 '남들이 힘들어하는 걸 나는 즐기고 있구나'라는 생각에 흐뭇해했다.

강산이 두 번 정도 변하는 기간에 틈틈이 써 온 글을 엮어 보았다. 이 책은 글을 교열하는 사람이나 교열하려는 사람에게는 꼭 필요한 책이 되리라 믿는다. 남의 글만 봐 온 사람이 자신의 글을 쓴다는 것, 그리고 책을 낸다는 건 분명히 쉽지 않은 일이다. 아무리 잘 쓴다고 써 봤지만 단 한 번도 마음에 든 적이 없었기에 하는 말이다.

몇 년 전 한 분이 자신이 쓴 글과 엮은 책, 인터뷰 녹취록을 정리해 책을 내려고 한다면서 도움이 필요하다고 했다. '그것쯤이야' 하는 마음에 선뜻 응했다. 집필에 들어가면서 우선 샘플 한 꼭지를 출판사로 보냈다. 웬걸. 이런 글을 누가 읽겠느냐며 여지없이 퇴짜를 놓았다. 퇴짜의 첫 번째 이유는 어려워서이고 두 번째는 재미없어서였다.

출판사의 주문은 '중학생도 읽을 수 있을 정도로 쉽게 쓸 것'과 '누구나 흥미를 갖도록 재미있게 쓸 것' 단 두 가지였다. 그런데 소재가 '호스피스'였으니, 죽음에 임박한 삶을 '쉽게'는 그렇다 치고 어떻게 '재미있게' 쓸 수 있었겠나. 만약 사랑하는 딸의 조언이 없었다면 그 책은 출판되지 않았든지 아니면 다른 사람의 손으로 완성됐을지도 모른다.

중국에서 교환학생으로 공부할 때 아빠의 이메일이 힘이 됐다는 딸의 말이 아빠의 문체를 바꿔 버린 것이다. 딸에게 이메일 쓰던 느낌을 살려 다시 집필했던 그 책은 두 달 뒤 출판돼 세상에 빛을 보았다. 그때의 호기에 이어 다시 도전해 본 것이 이 책이다.

이 책에는 처음 교열 일을 시작할 때부터 지금까지의 아팠지만 보람이 컸던 교열 인생과 그 기간에 애써 배우고 익혔던 어문법을 나름대로 정리해 담았다. 교열을 직접 하지 않더라도 바르고 정확한 우리 말글을 지

향하는 분들에게는 많은 도움이 되리라 믿는다.

　제1부 '교열, 그 아픔과 보람'에서는 20년 교열 생활에서 특별히 기억에 남는 단상을 담았다. 교직에서 신생 신문사로, 동아일보로, 동아일보에서 중국해양대 한국학과로, 중국해양대를 접은 뒤 귀국해 회사를 차려 교열과 강의에 매달리기까지를 배경으로 삼았다. 그간에 겪었던 일화를 모두 담을 수 없어서 기억에 확실히 남아 있는 몇 가지만 담았다.

　제2부 '배우면 누구나 할 수 있는 교열'에서는 글을 수정하고 다듬는 교열 과정에서 필요한 팁을 담았다. 수없이 많은 종류의 문서와 다양한 교열 의뢰자를 만나면서 참으로 많은 경험을 거쳤다. 세상 일이 다 그렇듯 힘들 때도 있었고 피 말리는 압박감을 느낄 때도 많았다. 그 반대로 교열 과정에서 콧노래가 나오는 즐거움과 끝내고 난 뒤의 만족감이 꿀맛 그 이상일 때도 많았다. 그 과정에서 '아하, 이렇게 하면 되는구나!' 하고 깨달았던 몇 가지를 뽑아 담았다. 이 부분은 특히 교열 일을 배우려는 분들에게 직접적인 도움이 되리라 믿는다.

　제3부 '교열 디딤돌, 어문법'에서는 글을 쓰거나 바르게 다듬을 때 필요한 어문법 팁을 담았다. 교열하는 사람에게 필요한 세 가지를 들라면, 첫 번째가 어문법 지식이고 두 번째가 집중력이며 세 번째가 경험이다. 그중에서 어문법 지식은 가장 기본적인 능력이다. 교열하는 사람이 어문법을 모두 알 필요도 없고 사실 다 알 수도 없다. 우리나라에서 글을

쓰는 사람들이 공통적으로 자주 오류를 범하는 어문법만 익혀도 유익하게 활용할 수 있다. 이 책에는 그런 유의 어문법만 추려 담았다고 보면 된다. 압축 어문법이구나라고 이해하는 것이 맞으리라 본다.

이 책은 그리 자랑할 만큼 특별한 책이라 할 수는 없겠지만 독자라면 누구든지 챙겨 활용할 수 있는 자료를 중심으로 나름대로 정성껏 쓰고, 모으고, 정리한 산물이다. 이 작은 불씨가 바른 말, 바른 글을 지향하는 이 땅의 모든 이에게 한 줄기 빛으로 역할하기를 바라는 마음 간절하다. 이 책이 나오기까지 정성껏 읽고, 고치고 평가해 주신 분신 같은 남양주 평생교육원 글쓰기반 수강생들과 동아일보 김덕두 기자에게 진심으로 감사드린다. 남양주 도곡교회 백종용 목사님과 많은 성도의 기도와 격려가 없었다면 여기까지 오기가 어려웠을 것이다. 하나님께 감사드린다. 끝으로 기꺼이 졸고를 책으로 출간할 수 있도록 배려해 주신 글로벌콘텐츠 홍정표 대표께 진심으로 감사드린다.

아무리 교열기자 출신이 쓴 책이라 하더라도 인간이 한 작업이기에 미처 발견 못하고 놓친 오류가 있을 수 있다. 독자들께 넓은 마음으로 이해해 주시기를 빌어 본다.

2017년 01월
도심골에서 박재역

목차

# 제3부 교열 디딤돌, 어문법

목차

제1부

# 교열,
# 그 아픔과
# 보람

# 교실 사건,
# 교무실사건

## ▮ 교실에서…

교사로 재직할 때 교실에서 수업 중에 두 녀석이 서로 옥신각신하는 모습이 눈에 들어왔다. '이 녀석들이' 하는 마음으로 "뭐야" 하고 냅다 소리를 질렀다. 이내 찬물이라도 끼얹은 듯이 조용해지자 지목한 둘 중 한 녀석이 손을 번쩍 들었다.

"선생님, 질문 있습니다!"

"뭐, 질문?"

"선생님, '불-알'이 맞습니까, '부-랄'이 맞습니까?"

그 순간 여기저기서 학생들이 내 눈치를 슬슬 보며 키득거리기 시작했다.

그래도 그 녀석은 거침이 없었다.

"선생님, 불알이 맞지요? 그게 맞는데 이 ××가 자꾸 부랄이 맞다고…"

기세등등하게 지껄이던 녀석이 굳어 버린 내 얼굴을 흠칫 보면서는 말끝을 흐렸다. 남자 아이들로만 채워진 반이라 다행이긴 했지만 속으로 '이걸 어떻게 하나', 오로지 그 해답을 찾는 데만 골몰했다. 불러내서 혼을 내줄까도 생각했고 벌을 줄까도 생각했다. 그러나 순간적으로 차근차근 설명하는 게 좋겠다는 쪽으로 마음이 기울었다.

"부-랄은 비표준어야. 불-알이 표준어란다."

얼굴을 풀고 화를 거둔 뒤 차분히 얘기하는 선생님의 모습이 의아하기라도 했는지 장난기 섞인 웃음이 일시에 사라졌다. 나름대로 글쓰기와 맞춤법에 흥미를 갖고 있었던 내 모습이 아이들에게 슬쩍 들킨 사건이 아니었나 싶다.

## ■ 교무실에서…

1989년으로 기억한다.

당시 문교부(지금의 문화체육관광부)에서 1988년 한글맞춤법을 고시했고 이듬해인 1989년 3월 1일 시행에 들어갔다. 그해 3월 어느 날 국어 교사가 교직원을 대상으로 한글맞춤법 연수회를 개최하는 자리였다. 담당 교사는 당시 대표적으로 정해진 몇 가지 규칙을 설명하기 시작했다.

먼저 한자어로만 조합된 단어에는 사이시옷을 붙이지 않지만 6개 단어는 예외로 한다고 설명했다. 다음으로 한자어 '렬, 률, 량, 란'을 한글로 옮길 때 두음법칙이 엄격하게 적용된다는 설명을 이어갔다. 그런데 하필 재직 중인 동료 교사의 이름을 예로 들면서 사달이 나고 말았다.

"예를 들어 '김인렬'(가명) 선생님은 앞으로 '김인열'로 써야 한다는…"

그 말이 채 끝나기도 전에 김인렬 선생님이 자리를 박차고 일어나 주먹으로 책상을 내리치면서 버럭 고함을 질렀다.

"어느 ×이 내 이름을 함부로 이래라 저래라야! 에이 씨…"

들고 있던 연수 자료를 휙 집어던지고는 교무실 문을 '쾅' 소리 나도록 닫고 밖으로 나가 버렸다. "김 선생, 김 선생…" 부르는 몇몇 교사의 목소리도 그의 뒤를 따랐다. 교무실에는 이내 썰렁한 기운이 감돌 수밖에 없었다. 하긴 쉰이 넘도록 그렇게 적었고 또 그렇게 불렸는데 하루아침에 이름을 바꿔 써야 한다니 본인으로서는 화가 날 법도 했겠지.

잠시 후 그를 설득해서 들어와 자리에 앉게 하고서야 이름과 성은 붙여 쓸 수 있으며 십진법 수치 표기는 만 단위로 한다는 설명을 끝으로 연수를 겨우 마무리할 수 있었다.


이 두 이야기는 교사로 재직할 때 교실과 교무실에서 겪었던 일로, 잊을 수 없는 사건이다.

# 생애 처음
# 8비트 컴퓨터를 만났다

"선생님, 숙직하시면서 심심할 때 이것 좀 입력해 주실래요?"

퇴근이 임박한 시간에 컴퓨터가 뭔지도 모르는 내게 수학 교사 최 선생이 정중하게 부탁해 왔다. 그를 따라간 과학실에는 난생 처음 보는 기계가 있었다. 그냥 속으로만 생각했다. '아하, 이게 컴퓨터구나!' 그렇게 해서 처음으로 초창기 원시 컴퓨터의 얼굴을 만나게 된 것이다.

그 당시 삼성에서 나온 'SPC1000'이라는 8비트급의 자그마한 개인용 컴퓨터였다. 저장장치는 다름 아닌 일반 음악 녹음용 카세트테이프였다. 아무것도 모르고 그저 최 선생이 하라는 대로 따라 해 보았다. 무슨 게임이라도 하듯 순식간에 거기에 몰입됐다.

"제가 해 볼게요. 재미있네요."

최 선생의 부탁은 '베이직(BASIC)'이란 프로그래밍 언어로 작성된 2,000줄에 가까운 성적처리 프로그램이었다. 그걸 어디서 구해 왔는지 자신이 조금 입력하다 퇴근하기 전 그날 숙직인 내게 입력을 부탁한 것이다. 교직원이 모두 퇴근하고 텅 빈 학교에 혼자 남아 컴퓨터 앞에 앉았다. 그 긴 프로그램을 입력하는 작업은 새벽녘이 돼서야 겨우 마무리됐다. 길게 기지개 한 번 켜고 하품이 나오는 입을 손으로 쓰다듬으며 컴퓨터를 껐다.

다음날 아침 출근한 최 선생은 곧바로 과학실에 들러 의자에서 잠깐 새벽잠에 빠진 나를 흔들어 깨웠다. 거슴츠레한 눈으로 바라보는 나에게 그는 '프로그램 입력은 잘 하셨느냐', '수고 많으셨다', '좀 주무셨느냐'며 두런두런 묻다가 컴퓨터로 다가가 전원을 켰다. 그의 등 뒤에서 자신만만하게 그랬다.

"그 정도야 뭐…, 오늘 점심이나 사요."

그린모니터를 주시하며 컴퓨터 자판을 만지작거리던 최 선생이 고개를 갸웃하며 중얼거린다. "어디에 입력했을까? 안 보이는데…" 의자에서 몸을 일으키고 다가가며 말했다.

"잘 찾아봐요. 다 쳐 넣었어요. 마지막 줄까지…"

그가 묻는다.

"선생님, 세이브했어요?"

"예? 세이브가 뭔데요?"

"저장하셨냐고요?"

"그게…어떻게 하는 건데요?"

갑자기 최 선생이 손바닥으로 자신의 이마를 툭툭 치며 혼잣말처럼 구시렁거렸다.

"아이고… 내가 저장하는 걸 안 가르쳐 드렸구나…."

한마디로 밤새 입력한 그 길고 긴 프로그램을 새벽 하품과 함께 컴퓨터 전원을 끄는 순간 홀랑 날아가 버린 것이다. 애써 입력한 프로그램이 단 한 줄도 저장되지 않고 몽땅 날아갔다. 하룻밤 고생이 한순간에 물거품이 되고 만 것이다. 그도 나도 땡감 씹은 기분으로 한동안 그린모니터만 멍하니 바라보고 있었다.

내가 침묵을 깼다.

"제가 오늘밤에 다시 입력할게요. 그 대신 이번에는 세이브가 뭔가 좀 제대로 가르쳐주고 가요."

그날 밤 컴퓨터 앞에서 다시 한 줄 한 줄 입력해 나갔다. 전날과 달리 입력과 저장을 반복하면서 마무리했다. 가끔 카세트테이프에 저장되면서 나는 "지지~직~직~"하는 소리가 나를 안심시키곤 했다. 다음날 최 선생에게 프로그램을 제대로 입력한 파일이 정확하게 전달된 건 물론이다.

그런데 다음날 내게 정말 신기한 일이 벌어졌다. 나도 모르게 베이직 프로그램의 명령어를 죄다 외워 버린 것이다. 출력된 프로그램을 죽 훑어보면서 프로그램이 수행되는 흐름까지 보인 것이다. 그 순간 호기심이 발동하기 시작했다. 그날 퇴근하면서 바로 서점에 들러 '베이직 기초'와 '베이직 프로그래밍'이라는 책을 샀다. 그날부터 날마다 틈만 나면 과학실 컴퓨터 앞에서 줄곧 시간을 보냈다. 세상에 그보다 더 재미있는 일은 없을 것 같았다.

프로그래밍하고 실행하려면 컴퓨터를 제대로 알아야겠다 싶은 생각에 그때 그 유명했던 'MS-DOS'를 공부하며 비로소 컴퓨터의 알고리즘을 이해하기 시작했다. 이어 '포트란(FORTRAN)', '코볼(COBOL)' 같은 프로그래밍 언어에까지 다가가 보았다. 컴퓨터 월간지 '마이크로소프트웨어'를 정기 구독한 것도 그때였다. 그 후 1년 동안 서점의 컴퓨터 서적 코너에 진열된 책은 모조리 사 와서 흥미롭게 읽어 나갔다. 밤낮을 가리지 않고 책에 묻혀 살고 컴퓨터에 빠져 살았다. 배웠다기보다는 마냥 즐긴 것이라고 해야 맞는 말일 것이다.

컴퓨터가 8비트에서 16비트, 32비트, 286비트, 386비트로 발전하는 기간 줄곧 컴퓨터와 함께했다. 그 덕분에 도덕 교사가 관할 교육청 파견 컴퓨터 강사가 되고 학교 전산실 담당 교사가 되는 웃지 못할 일이 벌어지기도 했다.

1990년대 말 IMF라 부르기도 했던 외환위기가 동아일보도 휩쓸고 지나갔다. 많은 동료가 본의 아니게 자리를 떠났다. 그때 쫓겨나지 않고 살아남을 수 있었던 것도 모르긴 해도 컴퓨터를 좀 만질 수 있었다는 게 그 이유가 아니었나 싶다. 동아일보도 2000년 들어 컴퓨터제작시스템(CTS)으로 신문을 제작했으니까.

아무튼 오래전 컴퓨터를 만난 사건은, 이유야 무엇이든 그 사건이 내 인생에서는 하나의 혁명이었다. 그 혁명이 지금 컴퓨터로 하는 교열 작업에도 엄청난 도움이 되고 있음은 두말할 필요도 없다.

전화위복(轉禍爲福)이란 이런 일을 두고 하는 말일 게다. 살아가면서 전화위복의 경험이 한 번이라도 있는 사람은 과거에 겪었던 화(禍)를 회상하면서 복(福)이 된 현실을 감사할 것이다. 30년 전 프로그램을 어이없이 날려 버린 그 일은 화가 오히려 복이 될 수도 있다는 평범한 진리를 가슴으로 깨달은 사건이었다.

# 이슬처럼 사라진
# 경상매일신문

"박 선생님, 여기 가서 교열기자 한 번 안 하실래요?"

"교열이 뭔데요?"

 교열이 뭔지도 모르는 사람에게 교열 일을 하라는 권유를 받았다. 교직에서 나와 특별히 할 일 없이 나다니는 내 모습을 안쓰러워하던 한 분이 그렇게 권했다. '교열? 그게 뭐지' 하는 의아심이 있었지만 전화번호 하나 들고 집을 나섰다.

 커피숍에서 만나 입사 면접을 한 김 기자는 나보다도 나이가 한참 아래로 보였다. 그의 말은 참 쉬웠다. "전에 뭐 하셨습니까?" 이게 면접관 질문의 전부였고 "하면 됩니다", "안 어려워요"라고 말했다. 마치 회사에 들어오도록 설득이라도 하듯 '쉽고 편하게 할 수 있는 일'이란 설명을 던지곤 자리에서 일어났다.

"내일부터 나오셔서 그냥 일 하시면 됩니다. 내일 뵙겠습니다."

그가, 나를 면접했던 그 김 기자가 2000년 동아일보 어문연구팀에 들어와 내가 정년퇴직할 때까지 줄곧 나와 같은 공간에서 교열 일을 해 왔다. 곁에서 나를 많이 도와준 잊을 수 없는, 잊으면 안 되는 소중한 사람이다.

신생 경상매일신문 소속 기자 대부분은 당시 경북일보에서 나와서 합류한 이들이었다. 교열부에 합류한 다음 날 계약서를 썼고 며칠 뒤 '박재역 기자'라고 적힌 명함이 나왔다. 교열이 뭔지도 모르고, 언제까지 할지도 정하지 않고 무작정 덤벼들었던 그날이 교열 인생 20년의 출발점이 될 줄은 꿈에도 몰랐다.

교열기자로 입사한 얼마 동안은 취재기자가 써 보낸 기사를 읽으며 지식을 총동원해 오류를 수정하고 데스크에 넘기면 어김없는 호출, 질책에 가까운 조언이 거의 매일 이어졌다.

"박 선생님(교사 출신이라고 다들 그렇게 불러 줬다), 잠깐 봅시다!"

벌떡 일어나 다가가면 "이건 왜 안 고쳤어요?", "이건 왜 이렇게 고쳤어요?", "이런 건 손대면 안 되죠."….

그런 말을 들을 때마다 꼬박꼬박 메모하면서 '내일은 잘하리라!' 다짐해 보지만 끝은 영 없을 것만 같았다. 거기에다 '게라(교정쇄)', '미다시(소제목)', '누끼(희게 따내기)', '우찌가에(판갈이)' 같은 생소한 단어가 난무하고 마감시간이 가까워지면 도떼기시장을 방불케 하는 소란스러운 분위기가 무척 낯설기만 했다.

어쨌든 버티면서 그런 분위기를 제법 즐길 무렵 회사에서 급여를 절

반만 지급하더니 그 다음 달은 아예 지급하지도 않았다. 서너 달이 그렇게 넘어갔다. 그래도 전직 대통령 동생 누구누구가 사주로 온다느니 하는 소문을 희망으로 삼았는지 아무도 떠날 생각을 하지 않았다. 그러다 급여가 계속 체불되자 한 사람, 두 사람 떠나기 시작했다.

그즈음 나 역시 떠나야 했다. 아프기도 하고 아쉽기도 했으나 얼마 동안 배운 교열법을 후일 어디에선가 파종할 수도 있겠다는 기대를 위로로 삼을 수 있었다. 그렇게 경상매일을 떠난 지 채 일 년도 못 돼 부도가 났다는 소식을 듣게 됐다. 그 시절이 가물가물 잊어 갈 즈음 근로자 대표라는 분이 나를 찾았다. 회사 기물을 처분해서 확보한 돈 가운데 내 몫이라며 몇 십만 원을 내밀었다. 그에게서 받아든 돈을 물끄러미 내려다보면서 '이젠 억지로라도 기억에서 경상매일을 지워야겠다'고 마음먹었다.

내게 교열이 뭔지 가르쳐 준 경상매일신문은 태어난 지 일 년도 채 못 넘기고 그렇게 역사 속으로 이슬처럼 사라져 갔다.

# 끈질긴 인연,
# 동아일보

경북에서 중학교를 마친 뒤 어쩌다 부산에 있는 고등학교를 선택했다. 그것도 야간 고등학교를…. 사촌 누님 집에 얹혀 지내면서 숙식은 해결할 수 있었다. 등교 시간이 오후 늦은 시간이어서 낮 시간에는 뭔가를 해서라도 돈을 좀 벌어 생활비로 써야겠다는 결심을 하고 아르바이트 자리를 물색해 봤다. 물색이라 해봐야 요즘처럼 웹 검색이 용이했던 것도 아니고, 무료 홍보지를 이용할 수 있는 시절도 아니어서 친구들에게 수소문해서 찾는 방법밖에 없었다.

마침 길거리에서 구두를 닦는 같은 반 친구에게서 구두닦이 아르바이트 정보를 얻을 수 있었다. 그 친구가 가르쳐 준 대로 먼저 구두 닦을 때 메고 다니는 통을 만들기로 했다. 다음날부터 하굣길에 눈에 띄는 판자 조각을 집으로 나르기 시작했다. 그게 얼마큼 모아지자 집 안에 아무도 없는 것을 확인한 어느 주말 뒤뜰에서 판자를 자르고 맞춰 못을 박으며 요란스럽게 만들어 갔다.

그때 등 뒤에서 인기척이 들렸다. 화들짝 놀라 뒤를 돌아보니 언제 들어왔는지 누님이 버티고 서 있었다.

"뭐하니?"

"아니… 통 하나 만들어 보려고…."

"무슨 통인데?"

"구…두…닦…."

"버려, 당장!"

그 당시 학생들에게는 주로 구두닦이나 신문배달, 우유배달이 단골 아르바이트 메뉴였다. 신문배달은 수입이 적었고 우유배달은 수입이 많은 반면 보증인이나 보증금이 필요했다. 구두닦이는 수입이 짭짤했지만 문제 청소년들이 주로 하는 것으로 인식되어 있었기에 누님이 말리는 게 어쩌면 당연한 일이었다. 대꾸 한 번 제대로 못하고 만들고 있던 구두닦이 통을 아쉬운 마음으로 쓰레기통에 처박고 말았다. 그래서 선택한 것이 신문배달이었다.

어느 날 등굣길에 좀 일찍 나서 신문지국에 들렀다. 입구에는 '신문배달원 모집'이라고 세로로 적힌 종이 한 장이 바람에 팔락거리고 있었다. 삐걱거리는 나무 계단을 밟고 2층으로 올라갔다. 지국장으로 보이는 분이 소파에 기대앉은 채 신문배달 하러 왔느냐고 먼저 물었다. 고개만 끄덕이고 서 있는 나를 맞은편 소파에 앉으라고 권했다.

자기가 지국장이라고 먼저 소개한 뒤 지금 몇 학년이냐, 신문배달 경험은 있느냐, 집은 어디냐, 힘든 일인데 할 수 있겠느냐 같은 질문을 한

참 쏟아 내더니 종이를 한 장 내밀고는 사인을 하라고 했다. 일종의 계약서인 셈이었다.

서류를 받아든 지국장은 한 달 배달하면 신문 1부에 얼마, 확장하면 1부에 얼마를 주는데 배달뿐만 아니라 신문 구독료 수금까지 해야 한다고 했다. 자리에서 일어설 때 그는 내 등을 쓰다듬으며 다음 날 아침 4시 50분까지 나오라며 다정하게 말했다. 그 후 2년간 줄곧 배달했던 그 신문은 바로 '동아일보'였다.

그로부터 20년이 흐른 1996년 2월 바로 그 동아일보의 공채 모집에 응했다. 동아일보 채용 면접에서 면접관 한 분이 물었다. 왜 동아일보를 선택했느냐고…. 나는 동아일보를 배달했던 고등학교 시절 회상을 대답으로 갈음했다. 그 대답 때문만은 아니었겠지만 아무튼 채용돼 정년까지 15년을 동아일보에서 일했다. 그간에 우리 두 아이는 회사 지원금으로 대학까지 마쳤고….

2010년 12월 31일, 정년퇴임식을 마치고 자리에 앉아 사내 게시판에 작별의 글을 올렸다. 물론 동아일보 배달 시절부터 언급하며 그간에 받은 은혜와 도움을 일일이 적어 가며 감사의 뜻을 표했다. 중국해양대 한국학과 초빙교수로 제2의 인생을 살아가게 됐다는 소식을 마무리로 장식했다.

격려의 댓글이 차곡차곡 쌓이기 시작했다. 하도 많이 쌓이니까 나를 모르는 사람도 궁금해서 들어와 보고 댓글을 남겨서 그런지 사원 전체 수에 근접하는 댓글 수를 보였다. 믿을 수는 없지만 후에 동아일보 창사 이래 가장 많은 댓글이었다는 말까지 들렸다.

가끔 내 앞에서 '동아일보는 이런 신문이다', '동아일보는 저런 신문이다'라고 평들을 하지만 솔직히 나는 동아일보가 '어떤' 신문이라는 평에는 그때도 그랬지만 지금도 관심이 없다. 다만 동아일보라는 신문에서 오류 없는 기사가 나가도록 최선을 다했다는 자부심만 있을 뿐이다.

# 나대로 선생을
# 존경했던 이유

"코마 하나도 고치지 말 것!"

1990년대 중반 동아일보에 입사했을 당시에는 외부에서 들어오는 원고 상단에 이런 빨간 글씨가 가끔 눈에 띄었다. 아마도 자신의 필력에 자신감 넘치는 어느 분께서 자기가 '잘 쓴 글'을 누군가가 '함부로 고친다'는 오만한 생각에 그렇게 적어 보냈으리라고 짐작했다. 교열은 함부로, 마구 고치는 게 아니다. 수정하는 정도와 한계가 있다. 물론 잘 고치려다 실수로 교열사고가 발생하는 경우도 없진 않다.

그러나 '내 글에 함부로 손대지 말라'는 말을 쉽게 입에 올리는 사람치고 정말 교열기자가 손댈 필요가 없을 만큼 질 쓰는 경우 는 거의 없었다. 정말 글 잘 쓰는 사람에게 느낄 수 있는 공통된 모습은 겸손이다. 절대 자신의 글이 대단하다고 우쭐해 하지도, 누가 수정한다고 해서 언짢

아하지도 않는다. 오히려 고마움을 표한다. 수정한 부분이 마음에 들지 않아도 얼굴 붉히지 않는다. '이렇게 써야 하는구나'에 그치기도 하고 정 수긍을 못 하겠다 싶으면 정중히 확인하는 정도이다.

몇 년 전 한국성결신문 편집장의 요청으로 한두 해 신문 교열을 도운 적이 있다. 그때 참 귀한 분을 만났다. 그 신문에서 일하시는 조만 주필 이시다. 그분은 목사로 재직하다 은퇴하셨는데 출판 쪽 경력이 만만찮 은 분이시다. 일주일에 한 번 그분을 만났는데 처음 대화하면서 깜짝 놀 랐다. 그분은 대부분의 신학사조를 거의 꿰뚫고 계셨다. 과거에 기독교 사상 주간을 지내셨으니 오죽하랴. 그럼에도 그분에게는 오로지 겸손 과 근면, 검소만 보였다.

그분은 매회 짧은 칼럼 하나를 게재하셨는데 처음 그분의 원고를 읽 었을 때 감탄할 수밖에 없었다. 현실을 직시하는 눈은 마치 매 같았으 며 분석하고 비판하는 문장은 매우 강렬했다. 맞춤법 오류나 외래어 표 기 오류 몇 가지만 수정해서 드리면 겸손히 받으시면서 고맙다는 인사 를 잊지 않으셨다. 어쩌다 일이 있어 못 가게 되면 그 다음 주엔 꼭 이런 말씀을 하셨다.

"당신이 안 봐 주니까 글이 이 꼬라지야!"

그렇게 나무랄 만한 글이 아님에도 꼭 그러셨다.

동아일보 어문연구팀에서 일할 때는 이런 분도 만났다. 기사 교열에 열중하게 되는 오후 4시쯤 되면 어김없이 작은 쪽지 하나만 들고 특유의 향수 향기를 흩날리며 어문연구팀에 나타나시는 분이 있었다. 그분은 팀장 입에서 "좋습니다"라는 사인이 날 때까지 반듯이 서서 기다렸다가 받아들고 자리를 뜨셨다.

바로 시사만화 '나대로'를 연재하시던 이홍우 화백이시다. 당시 만화 나대로는 동아일보 2면에 실려 독자들의 사랑과 비판을 한몸에 받으며 명쾌하게 시절을 대변한 대표적인 시사만화였다. 4단 기사도 아닌 4단 만화에 글자라 해 봐야 몇 자나 들어갈까. 많아야 20자, 적으면 감탄사 겨우 한두 자 들어가는데도 그분은 하루도 빠지지 않고 확인하러 만화 원고 들고 우리 팀을 다녀가셨다. 그게 다가 아니다. 글자 한 자는 물론이고 부호 하나라도 바꾸는 게 좋겠다고 하면 언제나 "오케이!"라는 말만 남겼지만 반드시 수정하셨다.

교열하는 사람으로서 그분의 뒷모습을 바라볼 때마다 존경스러웠다. 내가 존경하는 것은 그분의 그림이나 아이디어가 아니다. 무엇보다 글자 한 자라도 바르게 내보내려고 애쓰셨던 섬세한 모습이 너무나도 존경스러웠던 것이다. 이젠 교수의 길을 걸으시며 후진 양성에 애쓰시는 나대로 선생을 기억하는 것만으로도 교열자로서 자긍심을 얻기에 충분하다. 선배님, 부디 건강하게 지내십시오!

# 침발광 기자
# 바꿔!

이건 실화이다!

'팔공산 동화사(八公山 桐華寺)'를 '입공산 상화사(入公山 相華寺)'로 읽었다는 말은 실화가 아닐지 몰라도 '침발광 기자' 사건은 엄연히 실화이다. 동아일보에서 퇴직하기 직전의 편집국장은 '심규선(沈揆先)' 국장이었다. 결례를 무릅쓰고 그분이 사회부 평기자 시절 겪은 실화 한 토막을 들은 대로 적는다.

심규선 기자가 쓴 기사에 불만을 품은 독자 한 분이 사회부로 전화를 걸어왔다. "네, 동아일보입니다"라는 멘트를 보내자마자 그쪽에서는 다짜고짜 "침발광 기자 바꿔!"라고 했단다. "동아일보에는 그런 기자가 없는데요"라고 대답하자 그게 무슨 소리냐고, 기사 아래 분명히 '침발광'이라고 적혀 있다며 막무가내로 바꿔 달라고 했단다(당시에는 기자 이름을 한자로만 적었다). 세상에! 그 독자는 '심규선(沈揆先)'을 '침발광

(沈撥光)'으로 오해한 것이다!

내 이름의 마지막 자인 한자 '역(域)'은 워드프로그램 '흔글'에서는 아무리 찾아도 안 나온다. 그러나 'MS워드'에서는 찾을 수 있다. 중국해양대 초빙교수 시절 첫날 강의에 앞서 자신을 소개하려고 칠판에다 '朴在域'이라고 이름을 한자로 크게 적었을 때 중국 대학생들로부터 '알 수 없는 글자'라는 의외의 반응이 나왔다. 바로 이 '域'자 때문이었다. 중국 사람도 모르는 한자라니… 동아일보에서 재직증명서를 발급받을 때도 자세히 보면 '域'(지경 역)에다 볼펜으로 획을 하나 덧그어 '域'으로 변조한 것을 확인할 수 있었다.

또 우리 장조카 이름은 '호균(鎬鈞)'인데 초등학교 다닐 때까지도 호적에는 '鈞'이 아니라 점이 하나 빠진 '釣'(낚시 조)로 올라 있었다. 면사무소 호병계 직원의 오기로 그렇게 된 것이라나. 다행히 호적등본에서도 오류를 찾아내는 탁월한(?) 교열기자가 집안에 있었기에 바꿀 수 있었다.

작고한 양택식(梁鐸植) 전 서울시장도 실은 '택'이 아니라 '탁(鐸)'이라고 한다. 또 흔글에서는 '김진선(金振烍)' 전 강원지사의 이름 중 '선(烍)'은 '선'이 아니라 '신'에서 찾아야 나온다. '진념(陳稔)' 전 경제부총리의 이름 중 '념(稔)'도 '념'이나 '염'이 아니라 '임'에서 찾아야 나오고… 이분들이 언론 기사에 언급될 때마다 어떤 기자들은 한자 이름을 병기하려고 흔글에서 '烍'이 '선'인 줄 알고 검색하다 못 찾으면 '김진선(金振[先+先])'처럼 파자(破字)로 보내곤 했다. 마찬가지로 '稔'을 '염' 또는 '념'에서 찾다 못 찾으면 '진념(陳[禾+念])'으로 적어 보내기도 했다. '烍'은 '신'

에서, '稔'은 '임'에서 찾으면 나오는데 말이다.

신문 기사에 한자가 많이 쓰이던 시절에는 이처럼 탈도 많았다. 특히 전화로 한자 성씨나 이름 정보를 소통하거나 입에서 입으로 전할 때 동음이자를 구별하기 위해 나름대로 훈을 바꾸는 편법을 사용하기도 했다. 이를테면 '묘금도 유(劉)', '인월도 유(兪)', '탱크 설(卨)', '오징어 윤(允)' 같은 것이다.

다른 사람의 이름은 제대로 써 주고 제대로 불러 주어야 옳다. 이름은 자신의 것인데도 법과 규칙에 어느 정도 제한을 받기도 한다. 바로 민법과 한글맞춤법이다. 무엇보다 법과 규칙에 앞서 '나는 내 이름을 이렇게 적고, 이렇게 읽겠다'는 본인의 의도가 존중되어야 하지 않을까 생각한다.

# 금메달리스트는
# 모태석이 아니었다

"2010년 제21회 밴쿠버 동계올림픽 스피드스케이팅 남자 500m 금메달, 스피드스케이팅 남자 1000m 은메달."

그는 모태범이다. 모태범은 밴쿠버 올림픽 금메달리스트이다. 그는 '모태범'이지 '모태석'이 아니다. 그런데 동아일보에서 '모태석'으로 나갔다. 그것도 금메달을 딴 그 날짜 아침 신문 1면에…. 그것도 교열기자의 눈을 피해 유유히 빠져나간 것이다.

5판(초판이지만 그렇게 표시한다) 신문이 발행되면 교열 전담 어문연구팀에서는 미리 정해진 대로 자기가 맡은 면을 읽으며 혹시 오류가 없나 하고 다시 꼼꼼히 살핀다. 2010년 2월 15일이었고 2월 16일자로 발행되는 신문을 제작하는 날이었다. 그날 내게는 5판 A1면이 배당됐다. 올림픽 기간이었으니까 1면 맨 아래 오른쪽에는 다음 날 출전하는 한국 선수들의 종목, 시간, 선수 이름과 얼굴 사진을 소개하는 박스가 실린다. 그날도 어김없이 그게 실렸다.

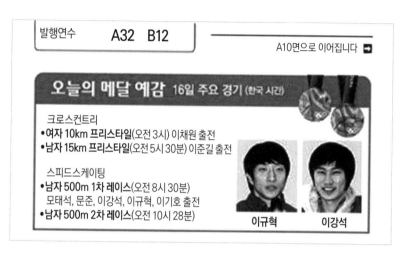

A10면으로 이어집니다 ➡

스피드스케이팅, 남자 500m 1차 레이스(오전 8시 30분)

모태석, 문준, 이강석, 이규혁, 이기호 출전


남자 500m 레이스(오전 10시 28분)


나는 아무 생각 없이 '모태석'으로 읽고 그냥 지나쳤다. 사실 모태석도, 모태범도 누구인지 그 당시에는 정확히 몰랐기에. 더 자세히 말하면 '나도 모르는 선수인데 설마…'라고 생각했기 때문이었다. 'OK'라 크게 쓰고 사인을 쓱 그린 뒤 편집부로 보내고 퇴근했다.

그 다음 날 출근과 동시에 난리가 났다. 바로 '모태석'으로 잘못 적힌 그 '모태범'이 금메달을 따 버렸기 때문이다. 스포츠레저부 부장, 차장,

기사 작성한 기자가 편집국장실에 불려 갔다. 당연히 어문연구팀장도 불려 갔고…. 팀장이 국장실에서 내려와 조용히 내게 물었다.

"선배! 모태석이 누구지?"

정년을 1년도 채 남기지 않은 시점이라 나이가 아래인 팀장이 함부로 말하진 않았지만 속으로는 얼마나 원망했을까. 참 많이 부끄러웠다.

그런데 두 달이 지난 어느 날 고등학교 교장으로 있는 대학 동창에게서 전화 한 통이 걸려 왔다. 모태범이 그 학교에서 교생실습 중이라고 했다. 마침 학교가 집 근처라 출근하기 전에 달려갔다. 강당에서 학생들에게 열심히 배구를 가르치고 있는 그를 만날 수 있었다. 수업 마침 종이 울리자 친구 교장이 그를 잠시 불렀다. 나는 입이 근질거려 참을 수 없었다.

"어이, 모태범 씨! 나 당신 때문에 회사에서 잘릴 뻔했는데…."

"네? 무슨 말씀이신지…?"

자초지종을 얘기했더니 웃으면서 그런다.

"제 이름이 안 좋아서 그런 거니까, 그 대신 제가 사진 같이 찍어드릴게요, 후후."

수천, 수만 개 글자 중에 겨우 한 자만 틀려도 사달이 나는 게 교열 세상이다. 전과를 셀 때 '별 몇 개'라 한다고 했던가. 그러고 보니 나도 별이 몇 개는 될 성싶다.

# 옳을 '가(可)'자 동갠 거

"김가, 이가 할 때 그 '가'자가 한자로 무슨 '가'자야?"

우리 팀장이 출근하자마자 국장실에 불려가 편집국장에게 느닷없이 받은 질문이었다. 밀양 출신인 팀장은 정확히 대답했다.

"옳을 '가'자 두 개 동갠 겁니다."

'포개다'의 경상도 방언인 '동개다'로 써서 잠시 갸우뚱해 하던 국장은 이내 알아차렸다. 그렇다. 김가, 이가 할 때 '가'는 일반사람들이 은연중에 알고 있는 '집 가(家)'가 아니라 '성씨'를 뜻하기도 하는 접미사인 '노래 가(哥)'자이다. '성씨 가(哥)'라고도 한다. 팀에 돌아온 팀장은 똑같은 질문을 전날 그 기사를 교열한 기자에게 던졌다.

"김가, 이가 할 때 그 '가'자가 한자로 무슨 '가'자야?"

"집 가 아니에요?"

"집 가자야? 집 가자 맞아?"

"……."

실은 그날 아침 배달된 신문에 "구(具)가(家)입니다"라는 오류 문장이 수정되지 않고 그냥 나갔기 때문이다. 독자의 전화가 있었는지, 아니면 편집국장 스스로 발견했는지 정확히 기억나지는 않지만 아무튼 그날의 오류로 우리 팀원 모두가 김가, 이가 할 때의 접미사 '가'는 집 가(家)가 아니고 노래 가(哥)라고 확실히 알게 됐다. 그 다음 날 ["모스크바에…" 제하의 기사에서 "구(具)가(家)입니다"는 "구(具)가(哥)입니다"가 맞습니다라는 정정기사가 나간 건 물론이다.

경상도 방언인 '동개다'가 나왔으니 하는 말이다. 경남 출신인 팀장 입에서는 경북 출신인 필자도 알아듣기 힘든 사투리가 종종 튀어나왔다. 예를 들면 누가 팀장에게 어쩌고저쩌고 그럴 때 팀장은 부사격조사 '에게'를 두 가지 사투리로 대응한다.

- 평상시: "내있고(나에게) 그러지 마!"
- 화가 좀 나 있을 때: "내댔고(나에게) 왜 그래?"

경상도 출신은 방언은 물론이지만 발음 때문에노 빈산을 사주 듣는다. 대표적인 단어가 '쌀'이다. 평소에 '쌀'을 '살'로 발음하기 때문이다. 사실은 쌀뿐만 아니라 쌍시옷(ㅆ)은 모조리 시옷(ㅅ)으로 발음한다. 경상도 출신인 필자도 오해를 받은 적이 있다. '초록'이라는 장애인 지원 단체에서 중증 장애인과 도우미들을 대상으로 재능 기부 형태로 글쓰기 강의를 한 적이 있다. 그때 집사람이 싸 준 김밥을 갖고 가서 내놓았다.

"이게 어디서 났어요?"

분명히 "집에서 싸 왔어요"라고 했는데 듣는 이의 귀에는 "집에서 사 왔어요"로 인식됐는가 보다. 당연히 "아~ 집에서 김밥집 하시나 봐요?"라고 응수해 왔다. 집에서 '싸서(말아서)' 왔다고 한 말이 집에서 '(돈 내고) 사서' 왔다는 말로 잘못 전달된 것이다. 발음이 시원찮아서 빚어지는 그런 어이없는 오해는 경상도 사람에게는 흔한 현실이다.

경상도 사람은 제대로 한다고 하는데 듣는 사람이 오해하는 발음이 또 있다. 바로 '으' 발음을 하면 듣는 사람은 '어'로 들린다는 거다. 예를 들어 '승리'라고 하면 '성리'로 들린다는 것. 가령 '은폐'와 '엄폐' 중 어느 단어를 써야 할지 몰라 경상도 사람에게 물으면 답이 안 나온다. 당연히 웃지 못할 일이 벌어진다.

- 경상도: "언폐(은폐)가 아니고 엄폐입니다."
- 서울경기: "아니 '은'이에요, '엄'이에요?"
- 경상도: "아니 '언(은)'이 아니고 '엄'이라니까요."
- 서울경기: "그럼 '으'예요, '어'예요?"
- 경상도: "참 나, 성리(승리)의 '어(으)'가 아니고 '어머니'의 '어'라니까요."
- 서울경기: "……."

그런데 서울 사람은 못 해도 경상도 사람만이 제대로 발음하는 게 있다. 인터넷에서 돌아다니는 것을 가져왔다. 필자가 수강생들에게 직접 발음하게 해 본 경험을 바탕으로 자신 있게 적는다. 서울 사람들의 발음을 들어보면 E(e)와 2의 발음이 분명히 같다. 그러나 경상도 사람이 발음하면 확연히 구분된다.

$2^2$, $2^e$, $E^2$, $E^e$ → 2의 $^2$승, 2의 $^e$승, E의 $^2$승, E의 $^e$승

# 그 나이에 뭘…

"교수라도 할 건가."

"나이가 있는데 대충해도 학위는 받겠지 뭐."

"돈 아깝다. 노후 준비는 어떡하고….'

　정년퇴직 1년 반을 앞두고 대학원 진학을 선택했다. 하도 신이 나서 자랑처럼 떠벌리다 된통 한 소리씩 듣곤 했다. 남들이 대놓고 무모한 일이라고 말리는 그 늦은 나이에 그런 결심을 한 것은 석사 학위가 탐나서도 아니고 대학 강단을 노린 것도 아니었다. 목적은 오직 하나. "왜"의 현답을 스스로 찾아가기 위해서였다. 그래서 한국학과를 선택했고 거기서 '한국언어문화'를 전공한 뒤 한국어교원(2급) 자격증을 땄다. 물론 학위도 받았고.

　동아일보 어문연구팀에서 교열기자로 일을 시작하면서 줄곧 답답한 마음을 안고 지냈다. 교열 작업이야 뭐 물어보거나 사전류를 잘 활용하거나 웹사이트를 뒤지다 보면 그럭저럭 가능했다. 그런데 수정할 때마다 어김없이 깃드는 '이게 왜 이럴까', '왜 이렇게 고쳐야 할까', '이게 확실한가' 같은 의문만은 스스로 해결할 수 없었다. 그래서 늦긴 해도 '확실하게 알고 자신 있게 교열해야지' 하는 마음을 먹게 되었고 곧 대학원 진학으로 이어졌다.

절실했기에 마치 한풀이라도 하듯 미친 듯이 문법을 파고들었다. 공부를 해야 한다는 당위성보다 나름대로 알아 가는 재미가 쏠쏠했다. 아무튼 재미있었다. 1년 반 동안 마치 전쟁터에 나가는 병사가 실탄을 차곡차곡 쟁이듯이 그렇게 실력을 쌓아 갔다. 실력이 쌓이면서 내공이 팽창하기 시작하더니 신기하게도 웬만한 "왜?"에는 답이 술술 나오게 됐다.

지금도 질문이 곳곳에서 옛 전쟁터 화살처럼 날아오고 있다. 강의실에서는 물론이고 블로그에서도, 페이스북에서도, 밴드에서도, 문자메시지로도, 카톡으로도, 메일로도 날아오고 있다. 이처럼 무시로 날아오는 질문 하나하나를 고마움으로 받고 있다. 그 고마운 마음에 어떤 질문이든 빠짐없이 정성을 다해 답하고 있다. 그것 또한 사명이라 여기기에….

여기에 출처별로 받은 질문과 응답한 내용을 한 가지씩만 공개한다.

교열기자의 오답노트

**Q** 피동형과 사동형을 어떻게 구별해요?(김숙희 님)

**A** 그거요? 문장을 비교해서 보시면 금방 이해될 겁니다.

[피동문] 안개가 사라지면서 멋진 풍경이 눈에 보이기 시작했습니다.

[사동문] 마치 돈 자랑이라도 하듯 볼록한 지갑을 보이며 으스댔습니다.

*사동형에는 목적어가 있습니다.

**Q** 격조사가 생략되는 예문 좀 부탁드려요!(어님 님)

**A** 설명하려면 내용이 너무 많아서 예문만 올립니다. 참고하십시오!

*격조사 생략

(주격) 나(는) 지금 머리(가) 아프다.

(서술격) 그것은 이해할 수 없는 일(이다).

(목적격) 너는 과일(을) 좋아하니?

(보격) 그 녀석이 의사(가) 됐다고?

(관형격) 어머니(의) 얼굴

(부사격) 너 내일 학교(에) 가니?

*접속조사 생략

조율이시는 대추(와), 밤(과), 배(와), 감을 가리킨다.

**Q** 궁금한 게 있습니다. 의도형의 '~려야/려고' 용례입니다.

'하려고/할려고', '만드려고/만들려고'가 뒤범벅이 된 채 사용되고

있는데 시간 나실 때 올바른 어법 설명을 부탁드립니다.(한형일 님)

**A** 교수님, 그건 쉬워요! 받침이 없거나 'ㄹ'이면 '다' 자리에 '~려야/려

고'를 쓰면 돼요.

하다: 하려고

자다: 자려고

만들다: 만들려고

흔들다: 흔들려고

-'ㄹ' 외의 받침에는 '으려고'를 쓰면 되고요~

찾다: 찾으려고

먹다: 먹으려고

웃다: 웃으려고

## 밴드에서

**Q** 지금 낚시를 하는데 '세꼬시' 얘기가 나왔어요.

일본말 같기도 하고, 뜻풀이는 나와 있는데, 정확한 것을 잘 모르겠습니다.(안정숙 님)

**A** 세꼬시는 일본어가 맞습니다. 세코시(セコシ)가 맞는 표기입니다.

뼈째로 썰어 낸 회를 가리키지요. '뼈째회'가 순화어입니다!

## 문자메시지

**Q** 교수님! 인문학강좌에 왔는데 '일리아스 오딧세이'라고 하는데 맞는 표기인가요?(진혜령 님)

**A** '일리아드 오디세이'가 국립국어원에서 인정하는 바른 표기입니다.

## 카톡

**Q** '대'와 '데'의 차이를 잊어버렸어요. 한 번만 다시 알려주세요.(김영림 님)

**A** '-대(다고 해)'는 간접 경험을 표현하는 종결어미이며 '-데(더라)'는 직접 경험을 표현하는 종결어미입니다.

**Q** 애통했다, 애통해 했다.

'애통하다'라는 단어가 사전에는 동사, 형용사 두 가지 쓰임이 모두 있다고 하는데 위 표현 둘 다 맞는 건가요? 어떤 표현이 더 자연스럽고 좋은가요?(박준숙 님)

**A** '애통하다'는 물론 동사로도, 형용사로도 쓰입니다만 형용사로 많이 쓰이기 때문에 형용사에 붙여 동사 기능을 하게 하는 '-해 하다'를 붙여 쓰는 게 자연스럽습니다. 동사로 쓰일 때는 '많이 슬퍼하다'로, 형용사로 쓰일 때는 '많이 슬프다'처럼 이해하시면 됩니다.

# 인생 두벌갈이

출근하자마자 책상 위에 놓인 하얀 봉투가 마치 부고처럼 노려보고 있었다.

"귀하는 어쩌고저쩌고… 2010년 12월 31일부로 정년퇴직 대상임을 통보합니다"라고 쓰인 종이 한 장이 엄지와 검지 사이에서 달랑거렸다. 인생 애벌갈이를 마감한다는 휘슬이자 이제 두벌갈이를 떠날 때라는 신호탄이었다.

두벌갈이를 향한 발길은 먼저 중국 칭다오로 향했다. 중국해양대학 한국학과. 거기서 두벌갈이 인생 2년을 보내게 된다.

## ▌三草定律

중국에서 학생들이 속담이라고 들려준 삼초정률(三草定律)은 이런 것이다.

첫 번째 속담은 '하오마부츠회이터우차오(好馬不吃回頭草: 명마는 고개를 돌려 풀을 먹지 않는다)'이다. '훌륭한 사람일수록 지나간 일에 연연하지 않는다'라는 의미로 쓰인다. 두 번째는 '투즈부츠워볜차오(兔子不吃窩邊草: 토끼는 자기 굴 주변의 풀을 먹지 않는다)'이다. '지혜로운 사람은 자기 주변을 해치지 않는다'는 의미로 많이 쓰인다. 특히 이 속담은 주룽지(朱鎔基)가 중국 총리 시절 중국의 신패권주의를 우려하는 외신 기자들 앞에서 인용한 것으로 유명하다. 세 번째는 '톈야허추우팡차오(天涯何處無芳草: 하늘 아래 향기로운 풀이 없는 곳은 없다)'이다. '세상 어디에서든 훌륭한 스승을 만날 수 있다'는 의미로 많이 쓰인다.

재미있는 것은 중국 젊은이들이 이 세 가지 속담을 연애법칙(戀愛三草: 연애삼초)으로 활용하고 있다는 것이다. 즉, '好馬不吃回頭草'는 '한 번 헤어진 이성에게는 미련을 두지 않는다'로, '兔子不吃窩邊草'는 '자기 주변에서는 이성을 찾지 않는다'로, '天涯何處無芳草'는 '세상에 널린 게 남자/여자'로 해석하는 것이다.

## ■ 好馬不吃回頭草

남자에게 정년퇴직은 상처(喪妻)에 버금가는 아픔이라 했다. 동아일보에서 15년을 보냈지만 막상 정년이 다가오자 나에게도 서서히 아픔이 다가오기 시작했다. 동아일보 이전 교직 10년과 제조회사 4년의 경력을 합하면 내 인생 30년에 가까운 직장 생활을 접는 순간이 다가오고 있으니 더 말해 무엇하랴.

겨우 3년이 남은 시점에서는 숨이 턱에까지 찰 지경이었다. 그 이후 날마다 죄어 오는 긴장감, 초조, 불안감은 일손을 방해하고도 남았다. 더욱이 만 55세 정년이라는 족쇄에는 화가 치밀 지경이었다. '뭘 해도 하겠지, 잘되겠지…'라는 막연한 생각은 기대라기보다는 오히려 체념이나 자기 위로에 가까운 무모한 생각일 뿐이었다. 잠자는 시간 외에는 오직 '뭐 하지…'라는, 자답(自答)조차도 없는 자문(自問)만 반복했다. 그러다 대안도 찾지 못하고 1년이란 세월이 훌쩍 흘러갔다.

이제 2년 남았다. 따뜻한 봄이 왔다. 재직 중 다시 맞을 봄은 딱 한 번만 남은 셈이다. 그 즈음 대학원 문을 두드렸다. 한국학과로 결정하는 데는 시간이 그리 오래 걸리지 않았다. 지금까지 해온 일 중에 가장 잘 해낼 수 있으며, 오래 할 수 있고 이제껏 해온 일보다 좀 더 가치 있고 의미 있는 일을 찾는 데는 한국어 교육보다 나은 것을 찾기가 쉽지 않았기 때문이다. 그뿐만 아니라 규정 과목을 이수하면 2급 한국어 교원 자격증 취득이라는 이점도 있었다.

다만 빨라도 9월 학기에야 입학이 가능했기 때문에 재직 중에 학위를 받을 수 없다는 것이 좀 걸리기는 했다. 하지만 막상 진학 결정을 해 놓고 나니 나이 탓인지 실천에 옮기는 과정에서 망설임과 고민을 하염없이 반복했다. '간다? 못 간다?', '갈 수 있다? 갈 수 없다?', '포기할까? 포기란 없다?'….

아무튼 원서 내고, 면접 보고, 합격통지서 받고 등록을 마쳤다. 그야말로 일과 공부를 병행하는 강행군에 가끔 지치기도 했지만 희망을 품고 시작한 일이라서 그런지 비교적 흥미롭게 매진할 수 있었다. 리포트를 마무리하느라 밤을 꼬박 새우고 난 아침이면 젊은 시절 느껴 보지 못했던 희열을 맛보기도 했다. 퇴직을 앞둔 한 늙은 선배의 무모한 도전에 정겨운 후배들이 자신들의 황금시간을 아낌없이 배려해 준 사실도 큰 도움이었다.

퇴직 후 퇴물로도, 재활용품으로도 머물기를 거부하며 스스로 '명마(好馬)'가 한 번 되어 보고자 했다. 여태껏 밟아 보지 못한 새로운 평원을 달려 보고자 지금까지 먹어 온 풀을 향해 다시 '고개를 돌리지 않겠다(不吃回頭草)'는 각오로 2년을 버텨낸 건지도 모른다.

## ■ 兔子不吃窩邊草

토끼는 왜 굴 주변의 풀을 먹지 않을까? 토끼는 굴을 노출하지 않아야 맹수로부터 자신을 보호할 수 있다. 굴이 외부 맹수에게 노출되면 토끼는 생명이 위태로워진다. 입구의 풀이 무성해야 굴이 은폐된다. 그래서 토끼는 가능한 한 자신의 굴에서 멀리 나가 풀을 뜯어먹는다는 해석이다. 필자 또한 토끼가 되어 멀리 떠나 거기에서 오래오래 풀을 뜯고 싶었다. 거기에는 더 무성하고 신선한 풀이 나를 기다리고 있으리라 믿었다.

드디어 정년퇴직 해인 2010년이 밝았다. 바야흐로 날짜 세기(카운트다운)에 들어간 셈이다. 군대에서 전역을 앞두고 아침마다 달력에서 날짜를 하나씩 지워 가던 시절이 떠올랐다. 1월 중순 우연히 지인의 곁다리로 중국 칭다오(青島)행 비행기에 올랐다. 한국어 특강을 들으려고 차

가운 강당에 모인 100여 명의 중국 학생들을 보며, 또 중국해양대의 광활한 새 캠퍼스를 둘러보며 작은 바람이 마음속에 생겼다.

'아, 이 학교에서 강의할 수만 있다면…'

그리고 1월과 2월이 훌쩍 지났다. 3월 어느 날 메일함에서 발신지가 중국인 메일 한 통을 확인했다. 중국해양대 총장을 비롯한 대학 간부 일행이 한국을 방문한다는 소식, 나도 만찬에 초대됐다는 소식이 담겨 있었다. 뭔가 내 작은 바람이 성취되는 조짐은 아닐까 하는 막연한 기대감에 미리부터 설레기 시작했다.

4월 중순. 호텔 만찬에 약속대로 참석했다. 그 자리에서 서로 소개가 이뤄지긴 했으나 기대에 근접하는 그 어떤 조짐도 없었다. 그러나 만찬 이후 어느 교수와 따로 만난 자리에서 거의 동시에 서로의 의향이 교환됐다. 다만 대학의 인준과 당사자의 결정만 남았을 뿐이었다. 학교 당국에서 인준 과정을 거치는 동안 필자는 가족과 대화하면서 결심을 굳혔다.

5월 중순. 중국 대학교에서 초빙을 결정했다는 통보를 받았다. 망설일 이유가 없어 바로 중국행 결심을 전했다. 그렇게 중국해양대 한국학과 초빙교수 논의는 마무리됐다. 그러나 생각했던 만큼 그렇게 기쁘지만은 않았다. 물론 외국 생활의 막연한 기대감도 있었지만 두려움 또한 만만찮았기 때문이었다.

어렵사리 시작한 석사과정 중 마지막 논문 학기를 남긴 채 중국 칭다오로 향했다. 동아일보에서 애벌갈이를 마감하고 두 달 후 중국해양대 한국학과로 향하며 두벌갈이에 들어선 것이다. 퇴직 이듬해인 2011년 2월 둥팡(東方)항공 소속 여객기를 타고 낯선 칭다오 공항에 내렸다. 학교에서는 30여 평짜리 외국인 교직원 전용 아파트를 숙소로 제공했다. 관리비 전액도 부담해 주었다. 아파트 주위에는 철조망이 높이 둘러쳐 있고 CCTV 카메라가 곳곳에 설치돼 있어 흡사 교도소 같다는 생각마저 들었다.

아파트를 드나들 때마다 만나는 사람은 모두 외국인이어서 가볍게 인사라도 나누려면 어김없이 영어로 소통해야 했다. '아! 그놈의 영어!' 더욱이 한국어로 듣지도 말하지도 못하면서 한국어를 배우겠다며 찾아온 1학년 신입생이나 세종학당에 등록한 중국인 앞에 설 때는 난감 그 자체였다. '에라, 너희들 칭글리시나 내 콩글리시나 그게 그거'라고 되뇌며 어설픈 영어회화 솜씨로 신나게 강의를 이어갔다. 그때 그 장면을 영상으로 남기지 않은 게 천만다행이지 싶다.

우리 한국어를 자기네 말처럼 잘하는 4학년 여학생과 함께 식당으로 향하던 이른 봄날이었다. 연일 불어 대는 바람에 짜증이 날 만큼 나 있었기에 그 학생에게 투덜댔다.

"칭다오에는 바람이 매일 이렇게 부니?"

"교수님, 무슨 말씀이세요? 칭다오에서는 일 년에 딱 두 번만 불어요!"

"에이, 무슨 그런 거짓말을…."

"맞아요, 교수님! 그런데요. 한 번 불기 시작하면 6개월 동안 분대요… 호호."

"그렇구나!"

짜증나는 기분을 웃음으로 바꿔 준 그 여학생은 한국인이나 다름없었다. 한국말, 한국 드라마, 한국 음악, 한국 음식 등 '한국'이 들어가는 거라면 모두 좋아했다. 한국어 공부를 뿌리 뽑아 버리려는 듯 기어이 서울대에서 석사과정을 밟았다.

## ■ 天涯何處無芳草

현재 중국 전역에서 한국어를 배우는 중국 학생들은 학부생(本科生)과 대학원생(研究生) 통틀어 약 5만 명으로 추산된다. 그 당시 중국해양대에도 학부생 200여 명, 대학원 석사과정 20여 명이 한국어를 전공하고 있었다. 학부생들은 4년간 한국어 회화를 비롯해 듣기, 읽기, 쓰기, 시청각, 문법, 화법, 번역, 문학, 신문 읽기, 상업 한국어, 한국 문화와 사회 등 전공필수 과목을 이수해야 한다. 그뿐만 아니라 한국어능력시험(TOPIK) 급수 인증도 받아야 한다.

중국에서 한국어 열풍을 단순히 한류 바람으로 이해하면 곤란하다. 과거와 달리 현재는 단순히 한국어가 재미있어서 배운다는 반응이 많은 편이다. 한국 드라마나 영화, 예능 프로그램을 보기 위해서, 아니면 한국 회사에 취업하기 위해서 한국어를 배우는 것이 아니라 한국어를 외국어로, 하나의 학문으로 배우고자 하는 흐름으로 볼 수 있다.

그러나 중국에서 한국어 열풍이 언제까지 지속될지는 미지수다. 아직은 아니지만…. 어느 순간 한류 바람이 사그라지고 중국인에게 한국이 더는 '꿈의 나라'가 아니라고 판단되는 날이 온다면 한국어를 배우려는 열풍도 식게 마련이다. 프랑스어와 독일어 선호도가 급격히 줄어든 한국의 선례가 중국에서는 일어나지 말라는 법도 없다. 물론 중국이 아니라도 '하늘 아래 풀 없는 곳이 어디 있으랴(天涯何處無芳草)'마는 남한 땅의 100배에 이르는 광활한 중국 대륙은 한국어 학습 수요가 세계에서 가장 많은 나라다. 이것이 중국에서 한국어 교육을 소홀히 할 수 없는 이유이기도 하다. 필자는 그 중요한 일의 한 부분을 책임지고 있다는 사명감으로 매 학기를 준비했다. 동아일보를 떠나면서 동료 직원들에게 남긴 글에서 밝힌 각오를 실천해 가고 있었다. 2년 동안, 그 짧은 기간에 중국을 다 알 수도, 중국인을 다 알 수도 없었지만 적어도 한국어를 배우려는 중국인의 마음속 한국은 바로 꿈이었다. 그것만은 확실히 알 수 있었다.

# 중국어와 중국인

중국에서 어느 날 대학 강의실 문을 열고 들어서자 중국 학생들이 묻는다.

"老师, 吃了吗(선생님, 식사하셨어요)?"

이 정도 질문에는 즉답이 쉽게 나온다.

"吃了(먹었어요)!"

한마디 더 유창하게 한다는 게 그만 사달이 나고 말았다. 혼자 먹었다는 말까지 이어서 하고 싶었던 게 화근이 됐다.

"我吃了一个人(워츨러이거런)."

갑자기 학생들이 까르르 웃기 시작했다. 그때 한 학생이 한국어로 물었다.

"선생님, 누굴 드셨어요?"

"뭐, 잘못된 거니?"

영문을 몰라 난감해 하자 반장이 이렇게 설명해 줬다.

"선생님, 혼자 드셨으면 '我一个人吃了(워이거런츨러)'라고 하셔야 해요. '我吃了一个人(워츨러이거런)'이라고 하시면 선생님이 한 사람을 잡아먹은 게 돼요. 흐흐…"

'아차, 중국어지…' 하고 깨닫는 순간 바로 사과했다. 그리고 차분하게 다시 말했다.

"我一个人吃了(워이거런츨러)!"


그렇다. 언어학에서 중국어는 고립어로 분류된다. 고립어는 한국어처럼 교착어(첨가어)의 특징인 어미 활용이나 영어처럼 굴절어의 특징인 자모 교체 같은 굴절 현상이 일어나지 않는 특징이 있다. 그저 위치에 따라 문장성분이 결정될 뿐이다. 그래서 중국어 '一个人(이거런)'은 동사 앞에 오면 '혼자서'라는 뜻의 부사어 기능을 하지만 동사 뒤에 오면 '한 사람을'이란 뜻의 목적어 기능을 하는 것이다.

이처럼 중국어의 형태는 한국어와 구조적으로 많이 다르지만 중국인의 마음은 우리와 별반 다르지 않았다. 내가 만난 중국 학생들은 마음이 따뜻했다. 한국인인 나에게 최선을 다하는 모습을 보여줬다.

날씨가 습하고 무더운 어느 여름날의 그 중국 학생은 평생 잊을 수가 없을 것 같다. 이름은 이붕진, 칭다오세종학당 중급반 반장으로 강사인 나를 지극 정성으로 대했다. 그날도 이른 시간에 강의실에 들어섰다. 반장은 창가에서 뭔가를 반복하고 있었다. 내가 다가가자 돌아서서 내민 것은 물이 담긴 종이컵이었다. 그 중국인 여학생은 뜨거운 물보다 냉수를 즐겨 찾는 나를 위해 끓인 물을 식히느라 종이컵 두 개를 들고 물을 번갈아 옮겨 담으면서 후후 불고 있었단다. 무려 30분 동안이나…. 붕진이가 건네준 다 식은 물을 마시려니 갑자기 눈물이 나서 마실 수가 없었다. 그러자 붕진이가 다가와서 토끼눈을 하고 묻는다.

"아직 뜨거워요, 선생님! 더 식혀 드릴까요?"

나를 감동시킨 그 반장은 석사과정에서 영문학을 전공하는 대학원생이었다. 귀국한 이듬해 그에게서 짧은 인사와 함께 신년 축하 카드를 이메일로 받았다.

尊敬的朴老师

新的一年即将来到, 祝愿您与师母身体健康, 万事如意, 笑口常开。

学生: 李鹏进

존경하는 박 선생님!

새로운 한 해가 돌아오네요, 선생님과 사모님 몸 건강하시고, 모든 일이 잘되고, 항상 웃는 일만 가득하시길 기원합니다.

제자 이붕진

# 한번은 **소설처럼**
# **살아야** 한다

동아일보 퇴직 후에는 교열 직업을 주로 사무실에서 하는 편이지만 집에서도, 차 안에서도, 커피숍에서도 해 왔다. 특이하게도 병상에서까지 교열한 경험이 있다. 깁스한 다리를 쭉 뻗은 자세로 등 쪽을 바짝 올린 침대에 기대고 앞쪽에 펴놓은 밥상 위에 노트북을 놓고 교열을 시작했다.

전날 골절 접합 수술을 한 다리가 욱신거릴 때마다 손가락으로 스위치를 눌러 진통제를 혈관으로 내보내며 견뎠다. 파일을 열어 교열을 시작한 지 채 한 시간도 안 돼 아픈 다리는 물론이고 엉덩이, 허리, 어깨, 목에 참기 어려운 통증이 계속 괴롭혀 왔다.

교열할 때 수입이 적든 많든, 문장이 좋든 안 좋든 그런 문제는 일단 파일을 열면 다 잊는다. 교열에만 심혈을 기울일 뿐이다. 그러나 몸이 아프면 그것도 어렵다. 먼저 생각이 많이 제한된다. 평소 쉽게 처리했던 것들도 막힌다. 그럴 땐 그냥 덮고 얼마간 쉬는 게 상책이다. 그러나 그때는

교열기자의 오답노트

그게 어려웠다. 가급적 빨리 교열 봐 달라는 조건이 달린 것이어서 몸이 불편하다고 쉴 수는 없었다.

남양주역사박물관에서 보내온 원고였다. 아무튼 최선을 다해 첨삭본을 만들고 교열노트 작성까지 마쳤다. 마감 시한 전에 이메일로 첨삭본과 최종본, 교열노트를 첨부해서 보냈다. 그 다음 날 담당자가 전화로 고맙다는 인사를 하면서 이력서를 한 번 보내 보라고 했다. 강사로 소개하려고 한다며…. 그의 소개로 남양주시평생교육원 강의 운영 담당자를 만날 수 있었다.

'한국어교원자격증대비반'이 처음 개설한 강좌 이름이었다. 그 다음 학기부터 수강생들의 요청에 따라 한 강좌가 더 개설되면서 '쉬운글쓰기'와 '실전글쓰기' 두 강좌가 운영되고 있다. 수강생 중에는 처음 강좌가 개설된 이래 반복해서 수강하는 사람이 늘어났다. 그중에는 7학기째 꾸준히 수강하는 분도 있다.

'실전글쓰기' 강의에서는 주로 수강생들이 써 온 글을 교재로 삼는다. 수강생이 글을 써오면 프로젝터로 스크린에 비추고 문법 오류와 문장 비호응은 물론이고 어휘 배열과 정보 배열, 스토리 배열까지 살펴보면서 고치고 다듬고 배우고 익혔다. 그런 과정으로 한 편, 두 편 모아지자 열세 분이 일 한 번 저지르기로 뜻을 모았다. 처음엔 그저 한 사람당 두 편 정도 모아서 간단히 인쇄하고 제본해서 나눠 갖자는 취지였다. 편집위원을 선정하고 반 총무가 편집장을 맡아 총괄 추진하기로 했다.

그런데 모인 글을 한 편 한 편 살펴보면서 은근히 욕심이 발동했다.

'야, 이거 책으로 내도 괜찮겠는데….'

어느 날 강의실에서 의중을 슬쩍 띄워 보았다.

"선생님들, 아예 출판하는 게 어때요?"

아무도 선뜻 하자, 말자 말도 못 하고 나만 쳐다보았다.

"제가 한 번 출판 예산을 뽑아 볼게요."

방향이 출판 쪽으로 기울면서 급물살을 타기 시작했다. 각각 20권을 구매하며 그 비용으로 기본 출판 비용 일부를 충당하기로 했으며 교열, 편집, 디자인은 우리 회사에서 재능기부로 제공하기로 하고 출판에 들어갔다. 먼저 교열과 편집, 디자인, 인쇄, 제본 계획을 세웠다.

이석우 남양주시장의 '추천사'를 비롯해 지도 강사의 '격려의 글', 편집장의 '서문', 열세 필자의 '편집후기'까지 모두 챙겼다. 마지막으로 내가 직접 원고를 검토한 뒤 개별 인물 사진과 함께 디자인 쪽으로 넘겼다. 한 달 정도 지나자 열세 글발이 담긴 수필집 『한번은 소설처럼 살아야 한다』가 하늘을 붉게 물들인 저녁노을과 함께 조용히 모습을 드러냈다. 열세 분의 글을 책 한 권에 담아 예쁘게 펴낸 것이다.

책을 받아든 날 책 표지를 한참 바라보기도 하고 책을 펴서 얼굴을 묻고 책 냄새를 맡아보기도 했으며 눈물까지 글썽이는 분도 있었다. 그들이 쓴 후기는 책 속에서 그들의 이름과 사진 위에 각각 알알이 박혀 있다.


"나만의 비밀스러운 이야기가 활자화된다 하니 마치 옷을 벗은 느낌입니다. 벗은 몸에 새로운 옷을 입혀 보려고 합니다. 새 옷을 입는 데 도움을 주신 모든 분께 감사드립니다."(김숙희)

"다니고 배워도 느껴짐의 속도는 더디기만 합니다. '더딤'이란 짧은 인생과 비교한 '조급'의 개념이라 위안하며, 아직 미치지 못한 글을 내보냅니다. 그래야 다시 쓸 여백이 생기기에…"(김영순)

"땀 흘려 올라간 높은 산 위에서만 보이는, 멋진 풍경의 한 조각이 된 거 같습니다. 책으로 만들어진 멋진 풍경의 글들을 지도, 편찬해 주셔서 고맙고, 독자께도 감사드립니다."(문숙자)

"글쓰기에 열등감이 있었던 제가 교수님과 선배님들을 만나 생명을 불어넣은 책이 세상 밖으로 첫발을 내딛게 되었습니다. 저에겐 인생에서 가장 큰 자산입니다. 함께하신 모든 분들, 고맙습니다. 이번을 계기로 세 권을 더 발간할 용기를 내봅니다."(박지현)

"내 안에 숨죽여 쌓아 놓았던 작은 숨결이 '후~' 하고 이제 낮은 목소리를 내뱉게 되었습니다. 연하고 순한 마음으로 세상을 향해 걸어가고 싶습니다. 손잡고 걸어간 당신과 함께라서 감사합니다."(송경아)

"내 마음속에 차곡차곡 쌓여 있는 것을 밖으로 끄집어내고 하나하나 펼쳐보았습니다. 얼마나 많이 나왔을까 궁금했는데… 아직도 나오고 싶어 안달을 하네요. 얼마나 많이 남아 있는 것일까! 언제쯤 문을 활짝 열 수 있으려나…"(안정숙)

"처음엔 두려웠어요. 자신도 없었고요. '늦깎이 문헌정보과 대학생이면 됐지' 하는 자기 위로도 했지요. 하지만 조금씩 책으로 만들어지는 우리들의 모습을 보면서 내 인생도 이렇게 수필처럼 만들고 싶어졌어요. 정말 잘한 일인 것 같아요. 행복합니다."(양옥순)

"부끄럽습니다. 제 글이 활자화되는 것이⋯. 그러나 동인들이 있어 감히 용기를 냅니다. 책이 나올 수 있도록 지도해 주시고 재능기부까지 해 주신 박 교수님, 홍 이사님께 감사드립니다."(유효순)

"끊임없이 용기를 주셔서 어머니의 사랑과 텃밭의 생명을 노래할 수 있게 하신 선생님 감사합니다. 또 다른 삶의 노래로 계속되길 소망하며⋯."(이종택)

"나의 글이 책으로 나오다니, 신기합니다! 글쓰기에 푹 빠진 시간들이 정말이지 소중하게 느껴집니다. 감사드립니다. 이 책이 만들어지기까지 도와주신 모든 분들께⋯."(이진숙)

"글을 쓰고 다시 다듬어 가는 마음으로 나를 되돌아보며, 아름다운 미래를 가꾸어 가는 한 방법으로 글쓰기는 너무 좋은 것 같다. 글쓰기 강좌를 통해 마음을 닦는 법을 일깨워 주신 박재역 교수님께 고마움을 전하고 싶다."(주진순)

"정말 부끄럽습니다. 밤에 쓴 연애편지처럼⋯. 그러나 '인생은 속도가 아니 방향이며, 같은 방향을 바라보며 가는 것이 행복이다'라는 글이 위안이 되었

습니다. 제가 좋아하는 말 중에 '함께'라는 낱말이 있습니다. 같은 방향을 바라보는 여러 선생님들과 함께 가는 길이 행복하기를 소망합니다. 등대 불빛이신 박재역 교수님께 감사드립니다."(진혜령)

"몇 년 전부터 머릿속에 머물고만 있던 생각들이 글로 표현됐다는 것이 신기하고 감사합니다. 앞으로 더욱 신기하고 감사한 일을 꾸준히 맛보려고 합니다."(한규혁)

"나도 책을 냈다!" 그들의 탄성이다.

"끝까지 간다!" 그들의 의지이다.

"또 내야지!" 그들의 다짐이다.

# 강의는
# 사랑과 영혼으로

"입을 열자마자 투박한 경상도 억양이 나오는 거라. 에라, 틀렸다 싶어서 일어서려 했지. 그런데 듣다 보니 점입가경이라. 그래서 다 듣게 된 거지…."

봉천동 어느 조그마한 식당에서 당시 국립국어원 원장이셨던 이상규 교수께서 나의 졸강 평을 하면서 그렇게 화두를 꺼냈다.

MS코리아에서 주관한 'IT용어 콘퍼런스'가 코엑스에서 열렸다. 청주대 교수 한 분과 국립국어원 연구원 한 분과 함께 강사로 나섰다. 그때 이상규 원장의 격려사를 시작으로 세 강의가 이어졌다.

콘퍼런스를 마치고 간단한 다과를 놓고 평가회가 진행되고 있었다. 그때 이 원장이 찾고 있다는 전갈이 있어 봉천동으로 갔다. 그 자리에서 이 원장은 내 손을 잡고 침이 마르도록 칭찬해 주셨다. 그 칭찬은 나를 춤추게 했다. 강의실에서 춤추게 만들었다. 그렇게 시작된 강의 행진은 지금까지 이어지고 있다.

먼저 국내에서 테크니컬라이터를 대상으로 한 '문장클리닉' 강의를 진행했다. 그 후 중국에서는 중국해양대 한국학과에서 중국 학생들에게 한국어 읽기, 말하기, 쓰기를 가르쳤으며 세종학당에서는 일반인을 대상으로 한국어를 가르쳤다. 귀국해서는 남양주평생교육원에서 글쓰기 강좌를 개설하고 수년째 일주일에 이틀씩 나간다. 기업에서는 '비즈니스라이팅'을, 학교에서 학부모를 대상으로는 '자기소개서 작성법'을, 학생들에게는 '기초 글쓰기'와 '자기소개서 작성법'을 주제로 강의한다. 최근엔 사무실에서 글쓰기와 교열 전문 강좌를 열고 평일 주말 가리지 않고 강의를 진행하고 있다.

이처럼 강의가 점점 늘어나면서 강의 준비에 많은 시간을 할애한다. 머릿속에는 늘 '준비된 강사는 강의를 기다린다'는 신념으로 준비에 열과 성을 다하고 있다. 강의는 흉내가 아니어야 한다. 단순한 지식 전달도 아니어야 한다. 강의를 잘하기 위해서 강의 참고서를 수도 없이 읽었다. 얻은 건 많지만 의외로 실제 강의에 적용할 만한 특별한 방법은 건질 수 없었다.

그렇다. 강사는 기본적으로 지식이 출중해야 한다. 많은 정보를 확보하고 있어야 한다. 강의 자료가 완벽하게 준비돼야 한다. 말을 잘해야 한다. 호소력이 있어야 한다. 의사소통에 능해야 한다. 인격적으로 완벽하고 인간미가 넘쳐야 한다. 다 옳은 말이다. 그래야 한다. 강사라면 최소한 그 정도는 갖춰야 한다. 그런데 그것만으로 수강자에게 만족을 주어 강의 효과를 극대화할 수 있다고 생각하면 그건 오해일 수 있다.

요즘은 기업에서 강의를 하게 되면 반드시 수강자의 평가를 받아야 한다. 강의가 끝날 무렵이면 으레 '설문조사'라는 걸 한다. 사실은 설문조사라는 이름을 빌린 강사 평가나 다름없는 것이다. 그런데 그게 참 묘하다. 수강생 대부분이 점수를 후하게 주는데 불과 몇 퍼센트의 수강생이 주는 최하점이 전체 평균을 다 까먹어 버릴 때가 많다. 한국 사람의 정서에 비춰볼 때 냉정한 평가를 기대하기는 사실상 힘들다. 최상위 점수도, 최하위 점수도 가릴 것 없이 그렇다는 말이다. 실제 강의를 들으면서 평가를 직접 해 본 지인들에게 물어보면 가끔은 엉뚱한 답을 들을 수 있다. 강사가 마음에 안 들면, 그래서 강의가 마음에 들지 않게 되고, 그러면 최하점을 줘버린다는 얘기를 들었다. 그런 의미에서 강사 평가는 지식이나 정보 전달과는 무관할 수도 있다는 얘기다.

그래서 언제부터인가 강의 평가에 연연하지 않기로 했다. 연연한다고 해서 평가가 잘 나오는 건 아니지만…. 아무튼 평가가 잘 나오면 또다시 강의를 하면 되고 아니면 또 다른 곳에서 강의를 하면 된다는 생각으로 스스로 마음을 비워 간다는 뜻으로 하는 말이다. 스스로 강의 성취도를 평가하는 잣대를 만들어 평가하려고 노력할 뿐이다.

나에게는 강의실에 설 때마다 곱씹는 단어 두 개가 있다. '사랑'과 '영혼'이다. 강사는 수강생을 사랑하는 마음이 있으면 진심으로 자기가 가진 모든 것을 주고 싶을 것이다. 누구나 사랑하는 사람에게는 최고로 대해주고 싶고 가장 좋은 것을 주고 싶지 않겠는가. 강의도 그와 똑같다. 그렇게 주고 싶은 것을 머리에서 머리로 주는 것이 아니라 진심을 담아 마음에서 마음으로, 영혼에서 영혼으로 전달해야 비로소 최상의 효과를 기대할 수 있다고 믿기 때문이다. 그래서 강의는 사랑과 영혼이어야 한다고 믿는다. 어쩌면 이것이 진정한 강사의 내공인지도 모른다.

교열기자의 오답노트

# 비포 앤드
# 애프터

'당구 삼 년 폐풍월(堂狗 三年 吠風月)'이라는 한자말이 "서당 개 삼 년에 풍월을 읊는다"라는 속담으로 널리 통용된다. 세간에서는 여기에 그치지 않고 '당(堂)'을 넣은 해학적인 파생 속담이 만들어져 퍼지기도 했다. 이런 것들이다.

"식당 개 삼 년에 라면 끓인다."
"성당 개 삼 년에 십계명 외운다."
"법당 개 삼 년에 불경 외운다."

한 술 더 떠 이런 것들도 인터넷에 날아다닌다.

"여관 개 삼 년이면 이불 갠다."

"동두천 개 삼 년이면 팝송 부른다."

"용산 개 삼 년이면 PC 조립한다."


먼저 우리 가족이다.

어느 날 아침 식탁 한가운데 얼큰한 탕이 올랐다. 아직 다른 식구들이 오기 전이라 아내에게 물어보았다. 이게 무슨 탕이냐고⋯. 아내는 "서더리탕"이라고 짧게 대답했다. 어떡할까 잠깐 생각하다가 헛기침을 가볍게 날린 뒤 아주 조용히 말했다.

"이건 '서더리탕'이라고들 하는데, 사실은 '서덜탕'으로 해야 맞는 거거든."

얼핏 아내의 얼굴에 안 좋은 반응이라도 나타나는가 하고 살피고 있는데 그 사이 아들, 딸, 사위 등 식구들이 하나둘 자리에 앉기 시작했다. 갑자기 아내의 입에서 의외의 말이 투박한 경상도 억양으로 가족들을 향해 뿜어졌다.

"니들, 이거 무슨 탕인 줄 아나?"

아들이 쓱 보더니 대답했다.

"이거? 서더리탕이네 뭐."

아내가 턱을 약간 든 자세로 진지하게 말했다.

"야~야~, 이거는 서더리탕이 아니야. 서덜탕이 표준어야."

아내가 '표준어란다'도 아니고 '표준어야'라고 말했다.

아들과 딸, 사위의 시선이 내게 쏠렸지만 난 그저 모른 척 서덜탕만 후룩후룩 입안으로 넣고 있었다.

교열기자의 오답노트

다음으로 동창들이다.

나에겐 가까이 지내는 대학 동창이 셋 있다. 셋 모두 목사이다. 함께 모이면 나는 항상 이방인처럼 겉돌 수밖에 없는데도 고맙게 친구들은 일부러 글과 관련 있는 화제를 띄워 주곤 한다. 그렇게 글쓰기 얘기가 오가다 한 친구가 자신의 칼럼을 보고 조언 좀 해 달라고 부탁했다. 웹사이트에 올린 그 친구의 칼럼 몇 개를 주섬주섬 내려 받아 샅샅이 읽어보고 '지적질' 몇 가지를 적어 보냈다. 그랬더니 얼마 전 자신이 회장으로 섬기는 협회에서 개정 작업이 필요한 교재를 좀 살펴 달라는 부탁을 해 왔다. 그의 청에 따라 시리즈로 나오는 교재 교열 작업을 돕고 있다.

제주에 사는 다른 친구는 이미 신문에 게재했던 칼럼의 원고를 메일로 보내면서 첨삭을 부탁해 왔다. 정성껏 매만진 후 첨삭본과 최종본을 보내 주었다. 그랬더니 그 다음에는 신문에 게재하기 전에 첨삭 좀 부탁한다며 칼럼 원고를 보내 왔다. 자세히 살펴보고 최선을 다해 수정해 첨삭본과 최종본을 보냈다. 평소 해학을 즐겨 발산하는 그는 '감-사-해야 (보내야) 한다'며 '감' 대신 '감귤'을 보내 왔다.

이 두 친구는 본인들이 쓴 '비포(before)'만 보다가 내가 보낸 '애프터 (after)'를 비교해 보면서 교열의 필요성을 절감한 것이다. 아마도 이 두 친구는 글을 계속 쓰는 한 나에게 꾸준히 교열을 의뢰할 것 같다. 나는 또 열심히 교열 봐서 보내 줘야겠고⋯. 친구니까. 이처럼 교열된 문서(애프터)에 맛을 들이면 쉽게 포기하기 어렵다. '애프터'를 맛본 뒤에는 자신의 글을 '비포' 상태로 공개하기가 쉽지 않기 때문이다.

모르긴 해도 가까이 있는 이들은 간판이든, 사진이든, 안내문이든, 플래카드든 글이란 게 눈에 띄기만 하면 하나같이 그냥 지나치지 않는다. 기억해 뒀다가 확인하거나 메모를 해 두든지, 아니면 사진으로라도 남겨 내게 보내면서 확인하려고 애를 쓴다. 내 곁에서 바라만 보지 않고 한 번이라도 귀를 기울이거나 관심을 가졌던 분들은 스쳐 지나가는 것에도 글이란 글은 모조리 관찰하게 된다. 그런 분들은 이미 나의 일부를 가져간 셈이다. 얼마 지나지 않으면 내 모든 걸 가져가겠다고 덤비는 분들, 그분들만 내 곁에 남아 있을 것이라고 혼자 기대해 본다. 그리고 가볍게 웃어 본다. 지금도 내 곁에는 이미 그런 분이 제법 많이 있다. 이들을 돕는 일 또한 사명이 아닌가 여겨지기도 한다.

## ■ 보태기

'서덜'은 생선의 살을 발라내고 난 나머지 부분. 뼈, 대가리, 껍질 따위를 통틀어 이르는 말이다(표준국어대사전). 또 이 사전에는 딱히 '서덜탕'이란 복합어가 올라 있지는 않지만 굳이 쓰려면 '서덜탕'으로 써야 하지 않을까 싶다. 물론 서덜탕은 매운탕이 아니라고 단정하기는 어렵고 매운탕의 한 종류로 보는 게 옳을 것이다.

# 상은 글을
# 춤추게 한다

이슬처럼 사라진 경상매일신문사에서 생애 처음으로 글쓰기 공모에 글을 내 보았다. 장애인의 날에 즈음한 장애수기 공모였다. 장애인 아내와 결혼해서 둘째아이 출생까지의 삶을 글로 적어 응모했다. 결과는 대구시교육감상이 떨어졌다. 상금으로 50만 원을 받았다. 그때가 25년 전이었으니 기분 괜찮은 금액이었다. 물론 한 턱, 두 턱 낸 '밥값'이 상금을 훌쩍 넘어가긴 했지만….

그로부터 10년 후. 전화 한 통을 받았다.

"국민은행입니다. 당첨을 축하드립니다. 몇 가지 안내를 드리려고 하는데, 지금 시간 괜찮으신지요…."

'뭐 이런 스팸도 다 있나' 싶어서 "됐어요" 하고 바로 끊어 버렸다. 그런데 곧 다시 그 번호가 뜨면서 벨이 요란하게 울렸다. 한 번, 두 번… 멈추지 않고 계속 울렸다. 초록 단추를 꼭 눌러 받았다. 수화기 저쪽에서 약간은 높은 톤으로 빠르게 쏘아대기 시작했다.

"박재역 씨 맞죠? 선생님이 응모하셨잖아요? 입상하셨다고요!"

되물었다. 거기가 어디냐고….

"국민은행이라니까요!"

'아, 그렇구나… 맞다. 국민은행….'

어느 날 국민은행 홈페이지에서 우연히 '아주 특별한 고백'이란 편지 공모 이벤트 알림을 보게 됐다. 이메일을 뒤져 보니 장애인의 날 집사람에게 보낸 편지 하나가 눈에 띄었다. 그걸로 이벤트에 응모했던 것을 시간이 흐르면서 까맣게 잊고 있었다.

결과는 은상. 상금은 얼마가 적립된 국민은행 기프트카드였다. 시상식이 열린 여의도 63빌딩 중식당에 편지 주인공인 집사람과 참석했다. 밥을 먹다가 집사람이 속삭이듯 물었다.

"이 음식 이름이 뭔데…?"

나도 속삭이듯 대답했다.

"묻지 마…. 나도 잘 몰라."

나중에 알았다. 그게 샥스핀이었다는 걸….

그때 입상한 편지글 "내 사랑, 내 아내"는 이 글 마지막에 달아 두었다.

"…이에 표창합니다. 2008년 12월, 문화체육관광부 장관 유인촌 대독!"

한국어문기자협회에서 매년 개최하는 언론대상 시상식에서 신문 부문 대상을 받은 것이다. 부상으로 해외여행 티켓이 나왔다. 몇 달이 지난

후 입상자 모두 공항에서 만났다. 대부분이 지상파 방송 3사 소속 아나운서들과 일간신문 기자들이었다.

홍콩에 도착해 하룻밤 머물고 마카오를 거쳐 선전(深圳)으로 다니며 눈으로 가슴으로 마음껏 즐길 수 있었다. 이때 썼던 기행문은 '한국어문기자협회'에서 발행하는 계간지 『말과 글』(제119호, 여름호, 2009)에 실렸다.


부상으로 거금(?) 200만 원을 받은 경험도 적어야겠다.

"선배, 이거 잘하면 사전 하나 나오겠는데요."

문화일보 논설위원실 황 위원의 이 한마디가 거기까지 간 것이다. 성경의 고유명사를 언어별로 정리해 둔 것을 본 황 위원의 권유는 곧바로 나를 사전 작업으로 몰아넣고 말았다. 표제어가 무려 3000개가 훌쩍 넘는 방대한 작업에 겁도 없이 뛰어든 것이다. 그게 얼마나 힘든 작업인 줄 몰랐기에 무모하게 덤벼들었지, 만일 알았더라면 지레 포기했을지도 모른다. 그때가 2004년 가을이었고 『성경고유명사사전』(생명의말씀사)으로 세상에 빛을 본 때가 2008년 12월이었으니 무려 4년이나 걸린 셈이다.

출판기념회의 뜨거운 분위기가 채 가시기도 전에 기독실업인회에서 금상의 영예를 내게 안겨 주었다. 거금 200만 원을 받았다. 그 이듬해 2월에 출판사에서 인세를 이보다 몇 배 더 많이 받았는데도 수상할 때의 행복을 넘지는 않았다.

나는 상을 받을 때마다 크든 작든, 부상이 있든 없든 전율과 함께 말로 표현하기 힘든 행복을 느꼈다. 글을 써서 상을 받으면서 얻은 것은 사실 그 이상이다. 가장 큰 상은 글쓰기에서 자신감이다. 내가 쓴 글을 누군가가 인정해 줬다는 것, 누군가에게 인정받았다는 것은 이후 글을 쓸 때마다 용기로, 자신감으로 돌아왔다. 그런 경험이 없었다면 이 책을 내겠다는 마음조차 먹을 수 없었을지 모른다.

글을 쓰고 책을 내는 것도 힘이 되지만 상을 더하면 용기와 자신감은 배가된다. 꾸준히 쓰는 것도 중요하지만 기회가 되면 응모해서 상을 받아 보는 것도 필요하다.

상을 받으면 받을수록 글이 춤을 추기 때문이다.

# 내 사랑, 내 아내

(국민은행 편지공모 은상)

정말이지,

어느 날 장애인이 내 앞에 나타나 한평생 함께하리라고는 꿈에도 생각하지 않았었소.

내 마음을 흔든 오직 한 사람, 그 사람이 장애인일 줄이야.

내 인생의 중대한 결정을 한 그날을 당신은 지금도 기억하고 있겠지요.

서울 시가지가 한눈에 내려다보이는 팔각정을 향해 남산을 힘겹게 오르던 당신에게,

청혼했었지요. 결혼하자고….

당신의 눈에 흥건히 고이던 눈물이 넘쳐 나와 볼을 타고 하염없이 흘러내렸지요.

그리고 난 당신을 아내로 맞아 27년 동안을 하루같이 살아왔잖소.

그런데 지금 생각해 보니 난 당신에게 '사랑한다'는 그 흔한 말 한마디 못했네요.

분명히 사랑했는데…, 왜 그랬을까?

유달리 토마토만 먹으면 꾸역꾸역 토해 내던 당신은

우리에게 허락하신 신의 특별한 선물을 내게 안겨 주었지요.

우리 첫아이가 태어났을 때, 당신은 아이의 다리부터 만져 보았다고
했던가?

장애의 아픔이 우리 아들에게까지 물려질까 두려워서 그랬다면서요.

허허, 그래서 그런가? 우리 아이들 모두 내편이 아니라 당신 편이잖소.

그래도 난 하나도 섭섭하지 않소.

아무리 우리 아이들이 당신 편이라 해도 당신은 언제나 내편이잖소.

내가 무슨 말을 하든지, 또 무슨 짓을 하든지 다 받아 주고 들어주는
당신의 그 넉넉함은 아직 난 어느 누구에게도 느껴 보지 못했구려.

반달 치 봉급 죄다 날리고 노심초사하다,

죽은 목숨 한 번 살려 달라는 심정으로 조아리는 내게,

그저 웃음 한 번 던지고 그냥 용서하던 당신.

나중에 왜 그리 쉽게 용서했느냐고 물었을 때 당신은 이런 대답만 했지.

"당신을 믿으니까."

둘째를 낳으면서 수술이 잘못돼 생사가 불투명할 때 난 간절하게 기
도했었소.

꼭 살려 달라고, 아직 죽으면 안 된다고, 아직 가족을 위해 할 일이 많
이 남았다고,

그래서 지금 죽으면 안 된다고….

　　　　　　　　　　　　　　　　　　　　　　교열기자의 오답노트

오갈 데 없는 우리 어머니, 걷지도 못하는 우리 어머니, 정신도 없으신 우리 어머니를

당신은 흔쾌히 모셔 와서 모든 걸 접고 매달려 봉양했던 당신.

어머니 목욕시켜 드리다 그 풍만하던 가슴이 이제 다 줄었다면서 홀쩍거리던 당신.

그즈음 우리 어머니는 거의 매일 자신의 변을

손으로, 입으로, 벽으로, 침대로, 온 방에 칠하며 난장판을 벌이곤 했지요.

문만 열면 악취가 나서 차마 들어가지 못하고 망설이는 내게,

당신은 매섭게 노려보며 쏘아붙였지요.

"차라리 나가요. 이제 어머니 방에 들어오지 말아요."


그러고는 어머니께 돌아서며 혼자 중얼거렸지요.

"어머니, 당신 아들이 참 한심하지요?"

그러던 우리 어머니는, 그렇게 그냥 가시지 않고

돌아가시기 한 달 전에 정신이 돌아왔잖소.

한결 정신이 맑아지신 어머니가 당신의 손을 잡고 가라앉은 목소리로

"아가야, 고맙데이, 니 고생 참 마이 했데이" 하시면서

고마움에 눈시울을 붉히시던 어머니의 모습을 난 생생히 기억하고 있소.

그리고 한 달 후 어머니는

당신 손과 내 손, 우리 딸의 손을 잡으신 채로 먼 여행을 떠나셨고요.

어머니가 돌아가신 뒤 어느 날,

무심코 요구르트를 쟁반에 받쳐 들고 어머니의 방 문 앞에서

"어머니" 부르며 문을 열다가 그 자리에 서서 하염없이 울어 버리던 당신을 기억하고 있소.

당신이 우리 어머니를 얼마나 사랑했으면 그렇게….

당신이 우리 어머니를 그처럼 잘 챙겨 줘서 너무 고맙소.

이제 내가 당신에게 할 수 있는 보답이 뭔지 알 것 같소.

앞으로 당신에게 내가 어떻게 해야 하는지도요….


지금도 당신에게 미안한 건,

당신을 위해 모든 걸 다 해 주고 싶은데

내가 줄 것이라곤 마음밖에 없어서 정말 미안하오.

내 진실한 마음만이라도 받아주시면 안 될까.


중국에서 몇 만 원짜리 '짝퉁' 롤렉스시계 하나 사준 지가 언젠데

아직도 차고 다니며 남편이 사준 '진짜' 롤렉스시계라며 자랑하고 다니는 당신에게

진짜 롤렉스시계는 아니더라도,

이번 가을에 사랑하는 우리 두 아이들과 함께

당신이 무척 가고 싶어 하는 야구장에서,

당신이 좋아하는 생선초밥이나 나눌 작정이오.

내가 혼자일 때 참을 수 없을 만큼 그리워지는 한 사람이 있다면, 바로 당신일 거요.

가장 소중한 것을 꼭 건네주고 싶은 사람이 있다면, 그것도 바로 당신일 거요.

만일에 당신이 먼저 천국엘 가게 된다면 내가 거기 문 앞까지 데려다 주리다.

당신 혼자 어떻게 목발 한 짝 짚고 그 먼 길을 갈 수 있겠소?


그리고 하나님께 간절하게 부탁할거요.

우리 다시 태어날 때는 역할을 좀 바꿔 달라고….

그땐 내가 목발을 대신 짚고 다니고 당신은 훨훨 좀 뛰어다닐 수 있게 해 달라고….

그땐 당신이 나를 좀 부축해 주셔야겠네.

여보!

부디 오래 사시게…, 나와 함께 오래오래….

당신이 필요할 때, 내가 당신 곁에 있으리다.

당신이 어디에 있든지, 내가 당신과 함께하리다.

왜냐하면,

당신은 항상 내 가슴에 담겨 있으니까.

2008년 4월 20일 장애인의 날에

당신을 사랑하는 남편

박재역 올림

# 딸에게
# 교열을 가르치며

가업이란 게 있다. 하지만 평생 교열과 강의만 해 온 내게 가업이랄 것도 없지만 누군가가 내가 하는 일을 이어서 해 주면 좋겠다는 생각이 들곤 했다. 이왕이면 아들이나 딸 중에서 이어갔으면 하는 바람이 있었다. 하지만 아들은 수학 쪽이라 그렇고 딸은 딸대로 전공은 같지만 학생들에게 국어를 가르친다고 동분서주하고 있어서 입에서 꺼내기가 좀 그랬다.

한편으로는 학부에서 중어중문과를 거쳤지만 대학원에서 한국학을 전공했기에 내심 가업을 이을 수도 있겠다는 막연한 기대감이 있었던 게 사실이다. 최근까지 내가 하고 있는 교열 일에 관심은 좀 보였지만 작심하고 교열 기법을 배우려는 의지는 딸에게 그다지 보이지 않았다.

그랬던 딸이 얼마 전 작심한 듯 아빠의 교열 노하우를 제대로 배워보겠다고 나섰으니 그렇게 반가울 수가 없었다. 매일 두 시간씩 회사에 나와 실전을 치러 가며 배우기로 약속했다. 수강료는 매일 커피 한 잔으로 대신하기로 하고….

아버지가 딸을 가르친다? 대부분 부모가 자식을 가르친다는 게 쉽지 않다고들 한다. 그런데 우리 가정은 좀 남다른 데가 있나 보다. 식구들끼리 성경공부를 몇 달간 함께한 적도 있었다. 특히 집에서 성경공부를 하는 날이면 온 식구가 달려들기도 한다. 그래서 작심하고 회사로 찾아온 다 큰 딸에게 교열을 가르치기로 마음먹었다. 사실 딸은 나와 같은 대학원, 같은 학과에서 같은 전공으로 학위를 받았다. 그것도 1년 선후배로…. 그래서 한국어 문법이나 문장 분석력은 나보다 나았으면 나았지 결코 뒤지지 않는다. 그런데 그 딸이 내게 교열하는 방법을 배우려고 진지하게 다가온 것이다.

어차피 배우러 왔으므로 글을 판단하는 요령을 비롯해 문장 오류 진단법과 기초 교열법을 중심으로 석 달 가까이 매일 100분씩 훈련을 거듭했다. 100분 동안 100문장을 제시하고 오류 유형에 따른 문장 수정 요령을 3가지 질문 형식으로 가르쳐 보았다.

첫 번째는 "뭐가 문제지?"를 중심으로 오류 진단 요령을, 두 번째는 "어떻게 고치면 좋을까?"를 중심으로 실제 수정 방법을, 세 번째는 "왜 그렇게 고쳐야 해?"를 중심으로 이론적 설명을 제시하는 과정을 거쳤다.

먼저 "뭐가 문제지?"에서는 100문항 중 70건 정도로 문제점을 찾아냈다. 직접 칭찬을 하지는 않았지만 교열을 가르쳐 본 경험에 따르면 꽤 높은 수준이었다. 다음으로 "어떻게 고치면 좋을까?"에서는 50문항 정도를, "왜 그렇게 고쳐야 해?"에서는 30문항 정도 정답을 낼 정도로 꽤 수준 있는 편이었다.

대답이 틀리거나 아예 대답을 못하는 부분을 중심으로 설명해 나가면 딸은 깨알 같은 글씨로 새까맣게 메모해 가는 정성을 보였다. 아무튼 100분 강의가 끝나면 딸은 수업자료를 챙기면서 "지하철에서 복습해야지"라고 스스로 다짐하는 모습을 보였다. 다음 날 아침에 확인해 보고 싶어 안달인 아빠에게 딸은 "그럼요, 했지요!"라고 가볍게 응수하곤 했다.

그렇게 3개월이 지난 뒤 몇 가지 문서를 실제 교열하는 훈련도 계속 이어갔다. 드디어 실제 교열을 맡길 기회가 왔다. 출판사에서 의뢰한 단행본이었다. 한눈에 쓱 훑어봤는데 저자가 글을 많이 쓰는 사람이 아니라서 쉽지는 않을 것 같다는 예감이 들었다. 그냥 딸을 믿고 맡겨 보았다. 새벽같이 일어나 컴퓨터 앞에 앉아 뭔가 고민하는 얼굴로 교열하는 모습이 아버지인 내게는 아름다운 한 폭의 그림처럼 다가왔다. 기뻤다.

딸이 교열을 끝낸 초교 파일을 받아서 교열 역량도 살필 겸해서 재교를 시작했다. 예상대로 결정적인 미숙이 더러 보이기도 했다. 가장 두드러진 결점이라면 아직 교열의 일관성을 유지하지 못한다는 것과 정밀성이 부족한 것이었다. 앞에서 고쳤으면 뒤에서도 반드시 고쳐야 하는데도 놓치는 경우, 맞춤법 예외 조항이나 복합어 붙여 쓰기나 겹말 정리 같은 세세한 오류를 놓치는 정도였다. 그런데 문장을 보는 눈은 확실히 나보다 나았다. 지나치게 긴 문장을 정리하거나 번역투 표현 같은 비정상적인 구문 처리는 거의 완벽했다.

교열 과정에서 드러난 문제점을 스스로 파악하고 익히도록 재교 파일을 되돌려 보냈다. 딸은 자세히 살펴본 뒤 나와 함께 피드백 과정을 거쳤다. 그러고 나서 다음 기회를 기다리고 있었다. 기회는 다시 왔다. 내가 엄청난 분량을 소화하고 있던 즈음 또 한 가지 교열 건이 도착했다. 이미 부하가 걸린 상태라 누군가에게 맡기지 않으면 안 될 상황이었다. 더욱이 명절 전후에 처리해야 하는 긴박한 건이라 딸에게 맡겼다. 이번엔 재교조차 봐 줄 수 없어서 딸이 혼자 처리해야 했다.

문제가 생기거나 혼자 해결하기 어려운 애매한 것은 그때그때 문자메시지를 주고받으면서 해결했다. 추석 연휴를 모두 투입해 처리한 것이다. 얼마 지나지 않아 딸은 식구들 앞에서 자랑삼아 떠들기 시작했다.

"나, 교열비 받았다!"

딸이 아니라 사실은 내가 더 기뻤다. '이제 딸이 내가 걸어온 길을 걸을 수도 있겠구나' 하는 마음이 들어서다. 그렇지만 마냥 기뻐할 일만은 아닌 것이 교열이란 게 쉽지 않을 뿐만 아니라 그리 큰돈을 만질 만한 직업도 아니기 때문이다. 그래도 기뻤다. 드디어 내 딸이 가업을 이어갈 수 있으니까! 사랑하는 내 딸이 우리나라 최고의 어문교열사로 우뚝 서기를 바란다는 것이 아버지의 과욕만은 아닐 듯하다.

제2부

# 배우면
# 누구나
# 할 수 있는
# 교열

# 교열사 자격증 시대를 열면서

　내가 하는 교열 일이란 이런 거다. 좀 어렵게 말하면 '문서 교열', 폼 나게 말하면 '문서 클리닉', 의미 있게 표현하면 '문장 다듬기', 좀 삐딱하게 말하면 '과잉 교열', 좀 더 나쁘게 말하면 '오류 지적질'이다. 직업을 놓고 그게 좋은 직업인지 아닌지를 판단할 때는 일이 쉬운지, 전문성이 있는지, 힘을 쓸 수 있는 자리인지, 연봉이 많은지 등 여러 조건을 따지게 된다. 교열 일은 이들 조건으로 따져 보면 결코 좋은 직업으로 보기는 어렵다. 그래도 이걸 버리지 않고 소중하게 생각하는 이유는 이 일을 하면서 두어 가지 크게 얻는 게 있기 때문이다.

**교열 작업은 집중력을 높인다.**

　집중력이 없으면 글을 읽어도 무슨 내용인지 머리에 담기가 어렵다. 집중해서 읽으리라 마음먹고 몇 문장 읽다 보면 어느새 생각은 '삼천포'

로 향하고 눈은 앞 문장을 다시 찾게 된다. 그렇게 왔다 갔다 하다 아예 책을 손에서 놓아 버리기까지 한다. 만약 교열하는 사람이 이런 상태라면 교열은 불가능하다. 교열 작업을 할 때만큼은 집에서 강아지가 짖어 대도, 광화문에서 시위대의 구호가 터져 나오거나 확성기에서 우렁찬 음악이 울려 퍼져도 흔들리지 않았다. 그렇게 단련된 집중력은 웬만해선 흐트러지지 않는다. 원고가 눈앞에 펼쳐지면 다른 사람은 이해하기 어려울 만큼 빠른 속도로 읽어 나가면서 문장 교열이 동시에 이뤄진다.

**교열을 오래 하면 속독해가 저절로 된다.**

독서를 남보다 빠르게 하는 동시에 내용 이해도 빠르다는 것이 어쩌면 독서를 하는 사람들의 꿈일 수도 있다. 속독만이 아니라 내용 이해까지도 포함하는 속독해말이다. 속독해가 가능하다면 여러 가지 유리한 점이 많다. 가령 단순히 지식이나 정보를 습득하려는 사람은 물론이고 논문을 쓰려는 사람이 참고자료를 확보하려고 할 때, 책을 쓰려는 사람이 관련 정보를 빠른 시간에 획득하려고 할 때, 학생들이 공부하려고 책을 펼칠 때 속독해보다 더 나은 방법은 드물다. 책을 한 권이라도 더 팔아야 하는 서점 경영인에게는 좀 미안한 얘기지만 서점에서 공짜로 책을 훑으며 정보를 얻으려 할 때도 반드시 필요한 게 속독해 능력이다.

**교열을 하다 보면 다양한 정보와 지식이 축적된다.**

신문사에서 교열 일을 할 때 취재 부서별로 다양한 기사를 소화해야 했다. 신문사를 떠난 후에 만나는 원고는 그야말로 색동저고리 같았다. 다양한 형식의 문서를 접하다 보니 인문, 이공 분야를 가릴 것 없이 많은 지식을 습득할 수 있었다. 전쟁사, 사회 문제, 환경 문제, 종교, 자연, 경영, 무역, 국제관계, IT, 스포츠, 레포츠, 심지어 방사선에 이르기까지 거의 모든 분야의 정보와 지식을 수시로 접하게 됐다. 마음만 먹으면 분야별로 전공자 못지않은 전문성도 갖출 수 있다.

**전문 교열 기법을 배울 만한 곳이 드물다.**

생각하기에 따라서는 필요한 속독해와 지식 정보 습득, 이 두 가지는 확실하게 챙길 수 있기에 나름대로 교열이 매력 있는 직업이라고 생각하고 있다. 아쉽게도 국내에서 교열하는 기능을 체계적으로 배울 만한 곳이 없다는 게 늘 안타까웠다. 그래서 생각한 게 '어문교열사'(민간자격) 양성 과정이다. 더 늦기 전에 체계적인 교육과정을 운영해 어문교열사를 배출해야겠다고 결심했다. 교열 기법을 제대로 한 번 배워 보겠다는 사람들에게는 최선을 다해 가르쳐 볼 생각이다. 그리고 나 또한 눈에 글자가 들어올 때까지, 손가락에 자판 두드릴 힘이 남아 있을 때까지 쉬지 않고 교열할 것이다. 20년 넘게 교열 일을 해 온 나에게는 원고 앞에 앉아 있을 때가 어쩌면 가장 행복하고 편안한 시간일지 모른다.

어문교열사 자격증이 필요한 시대가 됐다.

필자가 설립한 한국어문교열연구원에서는 민간자격으로 전문 교육과정을 운영하며 어문교열사를 배출하고 있다. 학사 이상이면 누구나 도전해서 자격증을 딸 수 있다.

기초 어문규정, 기초 문장론, 기초 문장진단, 기초 문장교열 등 4과목을 24시간 교육받고 자격검정시험을 통과하면 어문교열사 3급 자격증을 취득할 수 있다. 또 중급 과정 36시간 교육과 검정을 거치면 어문교열사 2급 자격증을, 고급 과정 48시간 교육과 검정을 거치면 어문교열사 1급 자격증을 취득할 수 있다.

교열 업무를 직업으로 삼고자 하는 사람은 물론이고 글쓰기 강사나 지도사, 번역가, 논문을 자주 쓰는 분들에게 꼭 필요한 과정이며 자격이다.

# 좋은 습관

"아버지, 밥그릇 떨어졌어요?"

얼마나 몰입하셨으면 밥그릇 떨어진 것도 모르셨을까?

아버지는 아들에게 가장 큰 세상이다. 겨우 일곱 살 때 큰 세상 아버님을 여의다 보니 아버님과 함께한 추억이 거의 없다. 추억이라고 해 봐야 목수였던 아버지가 대패질하시던 모습이나 뼈대만 세워진 건물 대들보 위를 마치 곡예하듯 유유히 걸어다니시던 모습, 그리고 마지막 병석에서 투병하시던 모습 정도만 간간이 떠오를 뿐이다.

그러나 유독 또렷하게 다가오는 기억 하나가 있긴 하다. 시집간 맏누님을 빼고 나머지 6남매와 오순도순 둘러앉아 식사하실 때의 특별한 모습이다. 가끔 상 위에 있던 아버님의 밥그릇이 온데간데없이 사라질 때가 있었다. 아버님은 그것도 모르시고 시선을 딴 데로 돌린 채 빈자리

교열기자의 오답노트

를 숟가락으로 더듬기만 하셨다. 식구 중 누군가가 "아버지, 밥그릇 떨어졌어요"라고 할 때까지 그러고 계셨다. 기억에 생생하게 남아 있는 것으로 미루어 자주 그런 일이 있었나 보다. 아버님이 세상을 뜨신 후에도 식구들 사이에서 아버님 얘기만 나오면 그 이야기가 화제로 오르곤 했다.

부전자전이라 했던가. 가끔 아버님의 그런 모습을 좀 닮았는지 자주는 아니지만 요즘 식탁에서 비슷한 일이 종종 벌어진다. 딸이 "아빠, 뭐해?"라고 하는 순간 주위를 둘러보면 식탁에 앉은 식구들의 시선이 내게로 몰려 있다는 사실을 알아차리고 계면쩍어 하곤 한다. 주로 교열 작업 중일 때나 뭔가를 쓰다가 잠시 멈추고 식탁에 앉았을 때 가끔 일어나는 현상이다. 나도 모르게 쓰던 글을 머릿속으로 계속 이어 가느라 숟가락질을 멈추는 모양이다. 집 짓는 과정을 머릿속에 이어가며 밥그릇을 상 밑으로 놓치시던 아버님을 닮아서 그런가 보다. 딸에게서 "아빠, 뭐해?"라는 소리를 들을 때마다 밥그릇을 떨어뜨린 줄도 모르고 뭔가 생각에 열중하시던 아버님 모습이 아스라이 그리워지곤 한다.


국어사전에 '부전자전(父傳子傳)'이란 말은 나와도 '모전여전(母傳女傳)'이란 말은 없다. 한편 영어판 성경을 뒤져보면 '모전여전'으로 번역될 만한 어구가 나온다. 바로 'like mother, like daughter'라는 말이다. 성경에는 이 말을 '어머니가 그러하면 딸도 그러하다'로 번역돼 있다(참고: 개역개정판 에스겔 16:44). 부전자전도 '아버지가 그러하면 아들도 그러하다'로 번역될 수 있겠다.

우리 아버님이 천직이라 여기셨던 목수 일에 그처럼 몰입하셨으니 나

또한 글 쓰고 고치는 작업에 아버님처럼 몰입할 뿐이다. 그래서 아버님을 닮은 내 모습이 그리 싫지는 않다. 아버님도 그리 하셨으니까!

언제부터인지는 정확히 기억나지 않는다. 내겐 마구 적고 마구 찍는 습관이 착 달라붙어 있다. 그 습관에 따라 항상 붙어 다니는 분신 같은 도구가 세 가지 있다. 기자수첩과 심플노트(Simplenote), 폰카메라이다. 나는 삶에서 메모를 단 한 줄도 남기지 않는 날이 없다. 하루도 빠지지 않고 매일 적는다. 강의를 듣거나 대화 중에는 당연히 적지만 자다가도 눈을 뜨면 일어나 적고 걸어가다가도 멈춰 서서 적는다. 식당에서도 적고 커피숍에서도 적는다. 정말 시간과 장소를 가리지 않고 적어 댄다. 또 눈에 띄는 오류란 오류는 모조리 수집한다. 주로 폰카메라를 활용한다.

:: 기자수첩에 마구 적어 댄다.

눈에 뜨이는 것부터 시작해 귀에 들리는 것, 머릿속에 떠오르는 것은 죄다 적는다. 그래서 기자수첩이 손에서 떠나지 않는다. 집에는 그렇게 메모해 둔 기자수첩 수십 권이 잔뜩 쌓여 있다. 하나같이 양 가장자리에는 손때가 꾀죄죄하게 묻어 있다. 그렇다고 습관적으로 메모만 하는 것은 결코 아니다. 반드시 유용하게 활용한다. 글쓰기에서든 강의에서든… 기자수첩을 선호하는 까닭은 어디엔가 대고 적는 게 아니라 수첩을 왼손에 받쳐 들고 오른손으로 적어 나가기가 쉽기 때문이다. 평평한 바닥을 찾아 팔꿈치를 바닥에 대고 쓰는 습관을 버린 지는 이미 오래다.

:: PC나 스마트폰에서도 마구 적어 댄다.

　PC와 스마트폰에서 실시간 연동이 가능한 메모 애플리케이션 '심플노트'(https://simplenote.com)도 오랫동안 애용해 온 메모 도구이다. 말 그대로 오직 글쓰기 기능만 있는 '심플한' 앱이다. 글자체 선택 메뉴도 없고 글자 크기 조절 기능도 없다. 더구나 표를 그리거나 그림을 넣는 기능도 없다. 그저 글자만 쳐 넣을 수 있는, 그야말로 심플한 기능만 있다. 심플노트는 사용하기가 쉽다. 제어하는 메뉴가 거의 없다. 그럼에도 즐겨 쓰는 이유는 바로 '실시간 연동' 기능 때문이다. 그래서 이동 중에서도 연속 작업이 가능하다. 데스크톱이든 노트북이든 PC만 있으면 어디서든 열고 이어서 입력하면 되니까. 저장 메뉴가 따로 없으나 그냥 둔다고 해서 입력한 자료가 날아가지도 않는다. 그러다 대중교통을 이용할 땐 스마트폰 앱을 이용해 이어서 계속 입력하고 수정해 나가다 보면 글 한두 편은 거뜬하게 적어 남길 수 있다.

　블로그나 페이스북에 올리는 글도, 장문 메시지도, 이메일도 일단 초고는 심플노트에 담는다. PC에서든 스마트폰에서든 블로그로, 페이스북으로, 이메일로, 카톡으로 복사해 나르면 된다.

:: 폰카메라로 마구 찍어 댄다.

사진으로 스마트폰 용량을 다 채우면 비워 따로 저장한다. 이전에는 PC에 저장하다 그것도 다 차면 외장 하드디스크로 옮겼다. 그 방법도 사진 용량이 엄청나게 불어나자 감당이 불가능했다. 당연히 대책을 찾아야 했다. 다행히 비교적 안전하고 업로드가 쉬운 곳을 발견했다. 바로 '구글포토스'(https://photos.google.com)였다. 폰카메라 사진은 업로드를 따로 할 필요조차 사라졌다. 촬영과 동시에 알아서 보내고 알아서 가져가 저장한다. 그 많은 사진에서 필요한 사진을 찾아내는 것도 문제가 되지 않았다. 촬영 일자별, 주제별, 앨범별 검색으로 해결되니까.

이 같은 다양한 방법으로 자료가 될 만한 거라면 뭐든 주워 모으는 습관은 '내가 부자구나' 하는 만족감을 늘 제공한다. 정말 나는 부자다!

# 문서 작성
# 도구 활용

'CTS'란 'Computerized Typesetting System'의 머리글자로 '전산사진식자시스템' 또는 '전산사식시스템'으로 번역된다. 쉽게 말해 컴퓨터로 제작하는 시스템이다. 이 시스템이 1980년대 초 우리나라에 도입되면서 기존의 활판(活版)인쇄가 컴퓨터인쇄로 대체됐다. 동아일보에서는 2000년에 이 시스템을 도입했다.

CTS는 기사 입력, 교열, 편집, 디자인, 인쇄 등 신문 제작 전 과정을 제어한다. 특히 이때부터 교열 체계도 전산화되면서 기사를 받아 초교나 재교 과정을 거쳐 편집부로 출고하는 일련의 과정이 컴퓨터에서 이뤄진다. 물론 '변경 내용 추적(correcting history)' 기능도 적용하고 있었다.

문서 교열을 직업으로 삼고 오래 하다 보니 별별 교열을 다 해 봤다. 신문사에 교열기자로 채용돼 일해 왔기에 신문기사 교열을 가장 오래 그리고 가장 많이 했다. 1996년부터 2010년까지 15년 동안 동아일보 충정로 사옥에서 출발해 2000년부터 광화문 사옥에서 정년까지 일했다.

신문사 교열부에 첫발을 들인 후부터는 신문기사를 기본으로 단행본, 각종 논문, 논술, 자기소개서, 자서전, 칼럼, 교재, 제안서, 기도문, 심지어 소송장까지 글로 쓰인 거의 모든 문서를 상대했다. 직접 건네준 원고 뭉치부터 이메일에 첨부한 파일, 문자메시지로 보낸 글, 사진으로 찍어 보낸 글뿐만 아니라 전화로 불러 준 문장까지 교열 대상에 들어간다.

요즘 수주한 교열 문서 중 90% 이상이 워드 파일이다. 따라서 교열 작업 대부분이 컴퓨터에서 이뤄지기 때문에 문서 작성 도구(tool)를 많이 활용하는 편이다. 문서를 교열하는 사람이 굳이 문서 작업 도구까지 잘 알아야 하나 하고 반문할 수도 있겠지만 그건 모르고 하는 소리다. 전에는 색깔 펜을 들고 문서로 된 원고에 교정부호 표시하며 직접 교열하는 경우가 많았지만 요즘은 많이 변했다. 주로 컴퓨터에서 이뤄진다. 간혹 인쇄 문서로 직접 보내오기도 하지만 그런 경우가 이제는 극히 드물다.

원고가 대부분 훈글이나 MS워드 같은 워드프로세서로 저장한 파일이 주를 이루지만 간혹 엑셀이나 PPT(파워포인트), PDF 파일로 보내는 경우도 있다. 그래서 교열하는 사람은 기본적으로 훈글, MS워드, 엑셀, PPT, PDF 파일 활용에 어느 정도는 익숙해야 한다. 문서를 의뢰자가 편리한 대로 다양한 형식으로 작성해 보내기 때문이다. 모든 기능을 알아야 할 것까지는 없지만 최소한 수정 기능과 내용변경추적 기능 정도는 반드시 알아둘 필요가 있다.

워드 파일인 경우라면 먼저 자주 쓰이는 명령어는 핫키(hotkey)를 외워서 활용하는 게 바람직하다. 교열도 어떻게 보면 시간 싸움이다. 같은 일을 하더라도 시간당 비용을 좀 더 많이 받으려면 작업 시간을 단축하는 방법밖에 없기 때문이다. 어느 세월에 위쪽 메뉴 눌러 찾아 가며 실행하겠는가.

여기서는 흔글에서 필자가 자주 사용하는 핫키를 정리해 보았다. 물론 여기에 정리한 것보다 더 많은 핫키가 있을 수 있다. 개인에 따라 필요한 핫키는 스스로 익히며 습관화하는 방법이 최선이다.


- Ctrl+C(복사), Ctrl+V(붙이기), Ctrl+X(삭제) 같은 것은 기본이다.
- 왼쪽 공간에 커서 놓고 '클릭'(줄 선택), '더블클릭'(문단 선택), '트리플 클릭 또는 Ctrl+A'(전체 선택) 같은 것도 알아두면 유용하다.
- Alt+S(저장), Ctrl+Z(되돌리기), Alt+Y(커서 이후 삭제), Ctrl+Y(한 줄 삭제), Ctrl+P(프린트)도 필요한 핫키이다.
- 기능키(F1…F12)도 유용하게 쓰인다. F3(가로로 선택), F4(세로로 선택), F5(셀 지정), F6(스타일 설정), F7(편집용지), F8(맞춤법 검사), F9(한자 변환), Ctrl+F9(한자 찾기), Shift+F9(한자 자전), Ctrl+F10(문자표), F12(한컴사전) 같은 핫키도 필요할 때가 많다.


교열할 때 반드시 알고 활용해야 하는 중요한 기능이 있다. 바로 [검토] 기능이다. [검토] 메뉴는 앞으로 웬만한 교열 작업에서 필수적으로 활용해야 할 기능이 될지도 모른다. 이 기능은 MS워드에도 있다. 이 [검토]는 '첨삭본'을 만들 때 필수 기능인데 특히 샘플 파일을 만들 때는 꼭 필요한 기능이다. 이 기능을 간단히 설명하려고 한다.

- [변경 내용 추적]을 활성화하고 수정하면 고친 내용을 색깔별로 나타나게 할 수 있다.
- [변경 내용 표시 설정]에서 변경내용을 색깔별, 모양별로 설정할 수 있다.
- [변경 내용 추적] 기능을 활성화하고 교열 작업을 하면 '원본', '최종본 및 변경 내용', '최종본' 열람이 가능하게 된다.

'최종본'만 보내도 상대가 메뉴에서 '최종본 및 변경 내용'을 선택해 변경 내용을 확인할 수 있다. 문제는 상대의 흔글 프로그램이 최신 버전이 아니라면 변경 내용 확인이 불가능할 수도 있다. 이 [검토] 메뉴는 '2010년'판 이후부터 적용한 기능이기 때문이다. 만일 교열 의뢰자의 흔글 프로그램이 그 이전 버전이라면 차선의 방법을 취할 수밖에 없다. 차선이란 바로 PDF파일로 변환해서 첨부하는 것이다. '최종본 및 변경 내용'으로 열린 상태에서 [메뉴]-[인쇄]에 들어가 [프린터 선택]에서 [hancom PDF]를 선택하면 PDF파일로 변환할 수 있다.

교열을 제대로 하고 싶다면 문서 작성 도구를 다루는 기술에도 능해야 한다. 물론 그런 기능을 몰라도 교열은 할 수 있다. 다만 교열 영역이나 분야에 한계가 있을 수 있다. 교열의 달인이라는 명예로운 자격은 문서 작성 도구 활용 기능까지 갖춘 교열자에게만 부여되는 것임을 알아야 한다.

# 쓱 보고
# 척 진단

가끔 정보기술(IT) 업체에서 종사하는 테크니컬라이터(Technical Writer: 기술문서 등을 작성하는 사람)나 번역가를 대상으로 '문장 클리닉'이라는 과정을 개설해 강의할 때가 있다. '클리닉(clinic)'이란 용어를 채택한 것은 '문장 오류 진단'과 '문장 교열'을 아우르는 교육과정으로 진행했기 때문이다. 문장 진단과 문장 교열은 함께 가야 한다. 문장 진단 없는 문장 교열은 있을 수 없다.

따라서 교열을 제대로 하려면 문서를 한 번 '쓱' 보고 오류를 '척' 진단할 수 있는 능력을 갖춰야 한다. 의사의 오진이 생명에 위협이 되는 것처럼 교열자의 오진도 문서 교열에서 치명적인 결과를 초래한다. 심하면 '교열 사고'로까지 이어지기도 한다.

## ■ 좋지 않은 글 습관

교열자가 가장 먼저 진단해야 하는 것은 집필자의 글 습관이다. 필자의 글 습관을 파악하면 교열 방법이 더 잘 보인다. 필자가 교열해 온 문서에서 발견된 좋지 않은 글 습관 몇 가지를 정리해 보았다.

:: 문장을 지나치게 길게 쓴다.

비문은 주로 길게 쓰인 문장에서 발견된다. 문장을 길게 썼다면 비문이 아닌지 살펴야 한다. 길면 잘라서 정리하겠다는 마음을 먹어야 한다. 교열자는 'KISS 이론'을 항상 염두에 둬야 한다. '간결하고 짧게(Keep It Simple and Short)!'

:: 피동형 문장을 많이 사용한다.

'~에 의해', '~로 인해' 같은 번역투를 많이 사용하면 당연히 피동문이 많이 깔린다. 문장성분 배열에 유념하면서 가급적 능동문으로 바꾸면 번역투 표현도 사라지게 된다.

:: 문장부사를 지나치게 많이 쓴다.

독자의 독해력을 불신하는 필자들의 글에서 자주 발견되는 현상이다.

'그리고', '그러나', '그러므로', '즉', '곧', '및', '혹은', '또는', '그런데', '하지만', '왜냐하면'을 꼬박꼬박 안 써도 독자는 불편 없이 읽어 나갈 줄 안다. 이런 유의 부사 사용은 오히려 가독성에 방해가 될 수도 있다.

    :: '화, 적, 들'을 많이 사용한다.

어떤 이들은 문장마다 접미사 '-화(化)', '-적(的)', '-들'을 습관적으로 많이 사용한다. 이미 습관으로 굳어져 있어 고치기가 쉽지 않은 현상이다. '됨'의 변형 표현인 '-화(化)'는 굳이 안 써도 되는 경우가 많다. 또 '띠는, 관계된, 된'의 의미로 관형어나 명사 기능을 하도록 하는 '-적(的)'은 관형격 조사 '의'로 바꿔 쓰거나 서술형으로 풀어 쓸 수 있는 접사이다. '복수'를 나타내는 '-들'은 쓰지 않으면 오해가 빚어지는 경우 외에는 굳이 쓸 이유가 없다. 글의 흐름을 방해하는 '화·적·들'을 반드시 진단하라!

    :: 격조사를 지나치게 생략하거나 관형격조사 '의'를 많이 사용한다.

물론 우리말에서는 7가지 격조사를 생략할 수도 있다. 그렇다 하더라도 한 문장에서 격조사가 아예 없거나 겨우 한 개만 있다면 어색하기도 하지만 자칫 독자의 오해를 부를 수도 있다. 특히 관형격조사 '의'를 필요 이상으로 많이 사용한 문장은 간결하지 않게 된다.

:: 관형어를 2개 이상 나열하거나 수식어와 피수식어 간격을 멀리 한다.

우리말은 웬만하면 수식어(꾸밈말)를 겹쳐 사용해도 어색하지 않다. 하지만 격조사가 붙은 관형어가 겹쳐 사용되거나 어미가 붙은 관형어가 겹쳐 사용되면 매우 어색하다. 또 수식어와 피수식어(꾸밈 받는 말) 사이에 다른 성분이 자리를 차지하는 문장도 중의성 현상으로 독자의 오해를 사기 쉽다.

:: 외래어나 외국어를 지나치게 많이 사용한다.

문서에 외래어나 외국어 표현을 습관적으로 많이 담는 저자의 글이라면 교열하는 사람은 두 가지를 염두에 둬야 한다. 문서에서 사용된 외래어가 규정에 맞게 올바로 표기하고 있는지, 우리말로 순화가 가능한지이다. 우리말에 대응어가 있다면 순화하는 것이 바람직할 것이다.

:: 번역투 표현을 반복적으로 사용한다.

20년 교열 경력에 번역투 표현을 남용하는 사람치고 세련된 글을 쓰는 경우는 보지 못했다. 세련되고 조리 있는 글에는 번역투 표현이 거의 나타나지 않는다고 해도 지나친 말이 아니다. 교열자라면 번역투 표현을 순화하는 기법을 터득해 두면 편리하다.

## ■ 완벽한 교열을 이끄는 완벽한 진단

교열이 단순히 오탈자만 고치는 작업이라면 누구나 할 수 있다. 오탈자는 물론이고 표현 오류, 문장 성분 간 비호응, 내용 진위까지도 완벽하게 진단하고 수정해야 한다. 완벽한 진단만이 완벽한 교열을 가능하게 한다.

▷▷ 어문규정 오류 진단

어문규정 오류는 가장 기본적인 진단 대상이다. 한글맞춤법과 표준어규정, 외래어표기법, 로마자표기법에 위배되는 오류를 제대로 진단하려면 두 가지 방법밖에 없다. 문법과 4대 어문 규정에 밝아야 한다는 것과 국어사전 활용이다. '밝아야 한다'는 기준은 개인적으로 '문법이나 어문규정과 관련한 질문을 받았을 때 완벽하게 답변할 수 있는 수준'으로 여긴다. 이 책 제3부 '교열의 디딤돌, 어문법'을 이해할 정도라면 어문규정 관련 오류를 정확히 진단해 내는 데는 그리 큰 문제가 없으리라 본다.

- 대상을 받기는 커녕 장려상도 못 받았다. (한글맞춤법 '띄어쓰기' 오류)
- 상해서 버린 것이 여나믄 개는 될 성싶다. (표준어 오류)
- 선거철이 되면 플랑카드가 곳곳에 내걸린다. (외래어 표기 오류)
- 외국인이 역 이름을 묻기에 'Doglipmun'이라고 적어 주었다. (로마자 표기 오류)

## ▷▷ 문장 표현 오류 진단

문장 표현 오류 진단에는 무엇보다 연어(連語) 관계와 관용구(慣用句) 표현, 공기(共起) 관계 유무 등을 한눈에 판별할 수 있어야 한다. 형태나 형태소, 음소 간의 관계성에서 오류를 진단해 내는 안목이 있어야 한다는 말이다. 연어와 관용어, 공기 관계는 이 책 '제3부 1.'에서 자세히 기술하고 있다.

- 너무 미안해서 <u>여쭐 말</u>도 못 찾겠다. (여쭐 말씀: 연어)
- 수험생 뒤치다꺼리하느라 온 식구가 <u>홍역을 앓았다.</u> (홍역을 치렀다: 관용어)
- 우리는 <u>독일의 통일을 타산지석으로</u> 삼아야 한다. (독일의 통일을 본보기로: 공기)

## ▷▷ 문장성분 간 호응 오류

문장성분이란 주어, 서술어, 목적어, 보어, 관형어, 부사어, 독립어 등 7가지를 가리킨다. 주로 많이 나타나는 문장성분 간 오류는 주어와 서술어 사이에 나타나는 비호응 현상이다. 서술어에 대응하는 주어가 아예 없는 문장도 발견된다. 너나 할 것 없이 문사메시시 난골 인사 "행복한 하루 되세요!"라는 인사도 사실은 주어(당신), 서술어(되다) 비호응 문장이다. 비호응 오류는 다른 성분 간에도 자주 일어나는 현상이다. 특히 주어와 서술어가 호응을 이루는지 아닌지를 판별할 때는 반드시 서술어를 기준으로 다른 문장성분을 비교하는 것이 지름길이다. 문장의 꼬리를 잡고 머리와 몸통을 살펴봐야 한다. 그래야 성분 간 호응과 비호응이 판단된다.

- 마음이 외로울 때는 나에게 필요로 해서 쓴다. (무주어)
- 내년에도 급여가 인상될 전망이다. (주어-술어 비호응)
- 사법시험에 합격한다는 것은 여간 어려운 일이다. (수식어-피수식어 비호응)

▷▷ 내용 오류

교열 현장에서는 팩트(fact) 오류로 불린다. 주로 용어나 인명 지명 표기의 불일치, 상식에서 벗어나거나 정설에서 이탈한 표현, 논리에 맞지 않는 서술 등을 가리킨다. 이런 오류가 몰라서든, 발견하지 못해서든 수정되지 않아 문제가 되었다면 책임은 모두 집필자에게 있다. 하지만 교열자에게도 책임이 없지는 않다는 점을 알아야 한다.

- 홍길동 씨가 당선되었다. 황 씨는….
- 그는 전남 광주광역시 출신이다.
- 기재부 장관은 4월 중 상반기 추경예산 편성 가능성을 밝혔다.

'쓱' 보고 오류를 '척' 진단하는 능력은 하루아침에 얻을 수 있는 것은 분명히 아니다. 그렇다고 불가능한 것만도 아니다. 이런 능력을 갖추려면 세 가지 요건이 필요하다. 지식과 정보, 경험이다. 그러나 무엇보다 중요한 것은 자신의 의지와 노력이다.

우선 싫어도 어쩔 수 없이 손에 쥐여지는 식당 광고 전단이라도 버리기 전에 읽어 보는 습관, 지나치면서 눈에 들어오는 간판을 읽어보는 습관, 오다가다 만나는 입간판, 플래카드, 안내문을 읽는 습관을 들이는 것부터 시작하자. 교열을 하는 사람은 그냥 읽는 게 아니잖은가!

# 쓱 보고
# 척 교열

'철밥통' 교사직을 내던지고 교열 세계에 뛰어든 지도 어느새 20년. 강산이 두 번이나 바뀌었을 법한 세월이 지났다. 신문 기사만 내리 15년을 교열하다 퇴직한 뒤로는 공문서든 사문서든, 길건 짧건 그야말로 닥치는 대로 교열 작업에 매달려 왔다.

그 사이 소화한 가장 긴 문서는 3,200쪽 분량으로, 어느 협회에서 제작하는 교재였다. 그 정도 분량에 제한된 작업 기간은 겨우 17일. 거기에다 추석연휴까지 끼었으니 마냥 즐겁게 달려들 수 있는 조건은 아니었다. 그렇다고 못 하겠다고 피하기도 회사 여건을 고려하면 쉽지 않았고, 하자니 눈앞이 아뜩하기만 했다. 그래도 어떡하나, 해야지….

아무튼 발주처와 계약하고 첫 파일을 열어보는 순간 눈앞이 아찔했다. 문장이 듬성했던 샘플 파일과 달리 내용은 빼곡했고 곳곳에서 마치 "여기, 오류요!"라고 부르짖듯 '자수'(목사인 내 친구는 '회개'라고 한다)

하는 오류가 즐비했으며 문장 수준도 장난이 아니었다.

하지만 어쩌겠나. 스스로에게 발길질을 한 셈이니까. 해야지. 사무실에서도, 집에서도 쉼 없이 일했지만 쉽사리 끝이 보이지 않았다. 추석 연휴에 식구들과 함께 간 여수 금오도에서도 밤낮 쉬지 않고 줄곧 교열 작업만 해댈 수밖에 없었다. 아들과 아내는 '룰루랄라' 낚싯대 들고 방파제로 나갔는데 불쌍한 나는 하루 12시간을 꼬박 일에만 매달려야 하는 형편이었다. 방파제에 편히 앉아 푸른 바다를 향해 낚싯대 드리우는 장면을 머릿속에서 지워 버리려고 일에만 집중했다. 그건 일종의 발버둥이었다.

그러고도 더 많은 시간을 보내고 나서야 마지막 파일, 마지막 페이지를 닫을 수 있었다. 마감 하루 전날, 드디어 'Ctrl+S'를 누르고 마지막 파일을 저장했다. 태어나서 가장 큰 기지개를 가장 오래 켤 수 있었다. 그 살인적인 교열 작업은 그렇게 막이 내렸고 무엇보다 납기를 맞출 수 있었다는 생각에 안도의 한숨만 쉼 없이 나왔다.

그간에 어떻게 작업해 왔는지, 어떻게 버텨 왔는지 아무리 돌이켜 생각해 봐도 그냥 머리만 퀭할 뿐 아무것도, 아무런 생각도 남아 있지 않았다. 다만 한 가지. 조용히 등을 바닥에 누이고 몸을 좀 쉬게 하고 싶었다. 그냥 그렇게 오래도록 내버려 두어야 할 것 같다는 생각뿐이었다. 그래도 마음은 날아갈 듯 홀가분했다. 막연히 '이게 행복이려니' 하는 생각만 애써 해보면서 말이다.

3,200쪽을 17일 안에 처리하려면 적어도 시간당 20쪽 이상은 처리해야 한다는 계산이 나온다. 시간당 20쪽이라면 일반인의 평균 독서 속

도를 상회하는 수치이다. 문서 성격에 따라 차이가 있을 수는 있지만 프로 교열자라면 이 정도 속도는 유지해야 한다. 교열단가를 공개할 수는 없지만 그 정도 속도를 유지해야 돈이 된다. 그 속도로 읽어 나가면서 어문규정 오류와 문장 표현 오류, 내용 진위까지 찾아 수정해야 한다는 말이다. 거기에다 문장 또한 고품질로 유지해야 한다.

이게 가능하기나 할까 싶지만 물론 가능하다. 4대 어문규정에 막힘이 없고, 문장 분석력과 정보 저장력이 뛰어나며, 경험으로 쌓은 노하우가 비축돼 있다면 말이다. 이 정도라면 '쓱 보고 척 교열'이 충분히 가능하다. 그래야 '프로'라는 소리를 들을 수 있다.

# 차력시범

'천사같이 마음씨가 곱지만 어딘지 좀 모자라는 순박한 소녀 조수 젤소미나 앞에서 짐승 같은 차력사 잠파노는 몸을 칭칭 감은 쇠사슬을 끊는 묘기를 보인다.'

앤서니 퀸(Anthony Quinn)이 떠돌이 차력사 잠파노 역을 맡은 이탈리아 영화 〈길(라 스트라다, La Strada)〉의 한 장면이다.

요즘은 보기 어렵지만 나는 어릴 때 가끔 5일장 장터에서나 학교 운동장에서 '차력사'의 우렁찬 기합소리를 들으며 자랐다. 장터에서는 물건을 팔기 위해 사람을 모으는 수단으로 '차력시범'이 이용됐으며 학교에서는 차력사들이 가끔 찾아와서 부탁하면 학생들이 돈을 얼마씩 내고 관람하는 방법으로 펼쳐진 행사였다. 요즘 학교에서 이런 행사를 한다는 건 절대로 불가능한 일이겠지만 당시에는 충분히 가능한 일이었으니까.

맨손으로 돌멩이 깨기, 맨손으로 맥주 병 깨기, 온 몸에 칭칭 감은 철사 끊고 탈출하기, 목에 긴 바늘 찔러 양동이 걸기, 바늘 삼키기 등 신기한 모습이 눈앞에 펼쳐지면 아낌없는 박수를 보냈다. 지금은 기억 속에만 아련히 남아 있는 차력시범. 요즘도 어디에선가 이어지고 있을지 모르겠다.

차력사들은 사람들 앞에서 우렁찬 기합소리와 함께 즉석에서 시범을 하듯 글쓰기나 첨삭 컨설팅을 할 때 교열하는 사람도 가끔은 시범을 해야 할 때가 있다. 나는 그것을 임의로 '차력시범'이라 부른다. 컨설팅을 의뢰하는 사람이 자필 문서를 들고 와서 내용을 봐 달라고 하면 즉석에서 바로 빨간 펜을 들고 글의 구조를 파악하고 내용을 분석하기도 하며 문법 오류를 고쳐 나가기 때문이다. 그렇게 몇 번 진행해 봤더니 시간도 줄이고 효과도 매우 좋아서 요즘은 즐겨 사용하게 됐다.

강의실에서도 같은 방법으로 '차력시범'이 이뤄진다. 수강생들이 직접 써 온 글이나 복사해 온 글은 강의 교재로 더없이 유용하다. 문서를 받자마자 바로 프로젝터로 화이트보드에 내용을 비추고 오류를 수정하면서 어문규정 설명을 곁들이면 수강생들은 쉽게 빠져든다. 문장성분 간 호응이 이뤄지지 않거나 논리에 맞지 않은 문장도 바로잡으면 문장 진단뿐만 아니라 교열까지도 가능하다. 이렇게 강의를 진행하면 수강생들이 시간 가는 줄 모르고 집중하게 된다.

이런 과정을 거친 수강생들의 글을 묶어 책으로 출판하기도 했다. 남양주시평생교육원(다산서당)에서 강의를 들어 온 열세 분이 한 학기 동안 강의실에서 차력시범을 거치며 다듬은 수필을 두 편씩 모아 책으로 퍼냈다. 수필집 『한번은 소설처럼 살아야 한다』가 바로 그 책이다. 그런 과정을 거치며 자신감을 얻은 필자 열세 분은 각각 개인 수필집을 내려는 야심을 품고 글을 써 나가고 있다. 공동 집필로 책을 냈던 열세 분이 수필이나 소설 각각 한 권씩 출판할 날도 머지않았다.

차력시범은 글을 쓰게 만들고 책을 내게 만드는 비법이다. 다만 차력시범을 하려면 문법 오류와 문장 오류, 내용 오류를 동시에 볼 수 있는 예리한 눈이 필요하다. 문법은 기본이고 문장론에 밝고 속독해가 가능해야 세 가지 오류를 동시에 볼 수 있는 눈을 가질 수 있다. 쉽지는 않지만 수년간 교열 일을 해 온 사람이라면 누구에게나 가능한 일이다.

차력시범은 교열 세계에서 비장의 무기이다!

# 수익 창출

"교열하면 돈 많이 벌어요?"

솔직히 말하면 돈을 많이 벌 수도 있고 그렇지 않을 수도 있다. 다시 말해 교열만 해서는 돈을 많이 벌기가 사실 힘들다. 교열에다 강의와 컨설팅을 곁들이면 가능하다. 그것도 시간과 몸이 따라 줘야 한다는 전제가 깔린다. 그리고 교열뿐만 아니라 강의와 컨설팅도 다른 사람에게 뒤지지 않을 소양과 능력이 갖춰 있어야 가능하다.

모든 일이 다 그렇겠지만 특히 교열이란 일은 돈을 벌겠다는 생각만으로는 지탱해 나가기가 어렵다. 돈을 못 번다는 말이 아니다. 교열은 좋아서 해야 하고, 좋아서 하다 보면 잘하게 된다. 이론에 따르면 몰입의 조건은 '능력'과 '흥미'이다. 잘할 수 있고 좋아하는 일에는 반드시 몰입하게 된다는 말이다. 교열도 마찬가지이다. 그렇지만 교열이 직업이라면 수익성을 배제할 수는 없지 않은가.

교열 의뢰가 들어오면 어김없이 겪어야 하는 갈등, 바로 교열 비용이다. 일을 한 대가는 받아야 마땅하지만 얼마를, 언제 받아야 하는지를 결정할 땐 늘 괴로웠다. 교열 작업을 해 온 지가 20년이 넘었는데도 말이다. 원고 내용이나 품질, 분량조차도 확인하기 전에 불쑥 "비용은 얼마지요?"라고 물어 오면 자신도 모르게 망설이기 일쑤였다. 비용 산정 변수가 한두 가지라면 그냥 "○○만 원입니다"라고 답해 버리면 될 텐데….

그런데 한 번은 갈등이고 뭐고 할 여지조차 없었다. 필자에게 교열을 의뢰하려는 지인에게서 전화 한 통을 받았다.

"○백만 원이면 되죠? 이메일 주소와 계좌번호 문자로 주세요!"

"네…."

그로부터 채 한 시간도 안 돼 스마트폰에 알림 표시 두 개가 거의 동시에 떴다. 하나는 원고를 첨부한 이메일 수신 알림이었으며 다른 하나는 입금을 알리는 문자메시지였다. 20년 동안의 교열 경력에서 처음 겪은, 기분 괜찮은 경험이었다. 정성을 다해 교열 봐서 마무리하고 최종본을 보내드렸다. 생각할수록 고맙고 유쾌한 기억이다. 비용을 제대로, 빠르게 받았다는 사실이 아니라 나를 믿어 준 그분의 마음이 한없이 고마워서 그랬다.

다른 사람이 부탁해서 일을 한다는 것은 특별한 경우가 아니면 그에 상응하는 비용을 받는 것이 마땅하다. 필자는 평생 글만 보고 교열 일만 해 온 사람이라 그런지 "얼마를 주시면 됩니다"라는 말이 입에서 쉽게 나오지 않는다. 적게 부르면 나중에 자신이 후회할 것 같고, 많이 부르면 상대가 비싸다고 포기할까 걱정도 되고…. 이래저래 고민하다가 결정을 하기는 한다. 그래서 우물쭈물 어렵게 상대에게 전하면 대부분 "비용을 좀 낮추면 안 되겠느냐"는 비용 조정이 들어온다. 그것까지는 괜찮다. 일을 주겠다는 뜻이니까. 그냥 이쪽 말이 끝나기가 무섭게 "알 겠습니다"라는 짤막한 대답만 남기고 연락 '뚝'일 때는 스스로 자괴감에 빠져들기도 한다.

보통 교열 비용이 얼마냐고 물어 오면 서너 가지 답변이 가능하다. 먼저 가장 보편적이고 합리적인 방법은 원고지 장당 얼마 또는 글자 한 자에 얼마로 단가를 책정하는 것이다. 원고 안에 글자 포인트가 크건 작건, 행간이 넓든 좁든, 그림이나 표가 들어 있든 아니든 상관없이 단가를 결정하고 총 비용을 산정하는 방법이다. 교열자로서도 가장 편한 방법이다.

두 번째는 주로 번역계에서 책정하는 방법인데 단어 수로 결정하는 방법이다. 사실 단어 수로 하든, 글자 수로 하든 그 차이는 미미하다.

세 번째는 면당 단가로 비용을 책정하는 방법이다. 여기에는 문제 소지가 좀 있을 수 있다. 글자 크기가 크면 교열자 쪽에, 작으면 의뢰자 쪽에 유리하다. 또 문서에 그림이나 표가 많으면 교열자 쪽에, 적으면 의뢰자 쪽에 유리하다. 그런데 의외로 의뢰자는 이 방법을 선호하는 경향이 있다. 마지막 페이지만 보고 바로 계산이 나와서 그런 건지….

마지막으로 극히 드문 경우이긴 하지만 권당 단가 또는 '전체 얼마' 식으로 비용을 제시하고 협상에 들어오는 의뢰자도 있다. 나는 딱 세 번 경험했다. 앞에서 언급한 선불로 받은 건이 이 방법으로 진행됐다. 이 방법은 주로 발주처에서 예산이 정해진 경우에 이루어지는데 비용 범위가 이미 확정한 상태라서 할 건지 말 건지 가부만 결정하면 된다.

몇 십 쪽 되는 문서나 기껏해야 300쪽을 잘 넘지 않는 단행본이라면 어떤 방법으로 비용을 결정해도 거기에서 거기이다. 하지만 분량이 1,000쪽을 넘어 최소 일주일 이상 매달려야 하는 작업이라면 반드시 교열 단가 책정에 신경을 써야 한다. 작업하다가 지치면 '내가 이 돈 받자고 지금 이 고생을 하나' 하는 자괴감에 시달릴지도 모르니까.

교열을 정확하게 잘하는 것도 물론 중요하지만 고생한 만큼 대가를 받는 것은 더욱 중요하다. 교열업도 사업은 사업이니까.

# 완벽한 **샘플**
# **교열본**

"샘플 문서 보내드릴 테니 샘플 교열본 좀 보내주시겠습니까?"

요즘 들어 개인이 아니라면 처음 교열을 의뢰하면서 샘플 교열본을 요구하지 않는 곳은 거의 없다. 교열 의뢰자가 먼저 샘플 원고를 보낸다. 이때 교열자는 속지 않아야 한다. 절대로 샘플과 실제 원고가 같거나 비슷할 거라는 생각은 접어야 한다. 다 그런 건 아니지만 슬쩍 장난치는 경우가 있기 때문이다.

가령 실제 원고에서 샘플 문서를 발췌한 뒤 글자 포인트를 크게 조정하고 행간을 늘리는 건 보통이다. 문단에서 문장을 분리해 한 문장씩 나열하기까지 한다. 심한 경우는 내용 교열이 그다지 필요 없는 그림이나 표를 면마다 삽입하기도 한다. 그 이유는 간단하다. 교열 비용을 낮게 책정하기 위한 수단이기에 그렇다. 의뢰자가 교열 비용을 면당 단가로 산정하려고 할 때 주로 동원되는 방법이기도 하다. 그래서 속지 말라는 거다.

샘플 교열본으로 교열 능력과 수준을 평가하는 것은 당연하다. 정성을 다해 정확하게 교열해서 보내야 한다. 다만 지나치게는 하지 않아야 한다. 그렇게 하면 나중에 본 작업과 비교해서 따지고 들어올 수가 있다. "샘플과 다르다"는 항의를 감수해야 한다.

샘플은 샘플일 뿐이다. 그러나 샘플 작업이든 본 작업이든 교열자는 최선을 다하면 된다. 어떤 문서 앞에서도 교열에 최선을 다하는 것, 그것이 바로 교열자의 사명이니까.

교열 샘플을 보낼 땐 PDF로 만든 '내용변경추적본'과 워드 파일로 저장한 '최종본', '교열노트'를 첨부한다. 의뢰자의 요구가 있으면 교열 비용 견적서도 딸려 보낸다.

다른 건 문제가 될 게 없어서 '내용변경추적본'만 간단히 설명한다. 아래아한글이나 MS워드의 [검토] 메뉴에서 실행하는데 버전에 따라 확인이 불가능할 수도 있으므로 가능하면 PDF 파일로 변환해서 보내는 게 효과적이다. PDF 파일 변환은 워드의 [인쇄] 메뉴에서 가능하다.

[그림 1] 아래아한글 [검토] 메뉴

[그림 2] MS워드 [검토] 메뉴

[그림 3] 아래아한글 [인쇄] 메뉴

# 교열노트

교열 샘플 파일을 만들고 나서부터 본 작업 마치고 원고를 보낼 때 반드시 딸려 보내는 게 있다. 바로 '교열노트(proofreading notes)'이다.

'내용 변경 추적' 기능을 활용해 살펴보면 어떤 내용을 어떻게 고쳤다는 걸 확인할 수는 있지만 '왜 그렇게' 고쳤는지는 알 길이 없을 때가 많다. 그런 점을 감안해 작성하는 것이 교열노트이다.

교열노트에는 교열 수준, 수정 근거 제시, 교열 범위를 벗어난 용어 변경이나 변경 권고 사항, 문장 수정 요청 등을 비교적 상세하게 적는다.

뭘 번거롭게 그런 걸 만드느냐고 할 수도 있으나 교열 의뢰자(기관)에
게는 수정 근거를 확인한다는 이점 외에 작문 습관을 고치는 데도 유용
하게 쓰인다. 실제로 그런 이점을 충분히 활용하고 있다는 분이 많다. 현
실적으로 샘플 교열본을 보낼 때 첨삭본뿐만 아니라 교열노트까지 첨
부하면 이미 수주한 거나 다름없다. 교열 일 수주에 반드시 유리하다.

교열노트는 의뢰자에게만 유익한 것은 아니다. 교열자에게도 활용 가
치가 높은, 매우 유용한 자료 기능을 한다. 교열자도 배워야 한다. 교열
노트는 교열자에게 학습 효과도 제공한다. 필자에게는 교열 작업을 하
면서 축적한 교열노트가 잔뜩 있다. 현재 오류별로 분류해 정리하고 있
다. 이미 자료로서의 가치가 엄청 높다. 진짜 '교열기자의 오답노트'가 될
것이다. 자료집으로 완성되면 독자들과 기꺼이 공유할 생각이다.

Proofreading Notes

**-교열 진행 일반 사항**

1) 기본적으로 한글맞춤법, 표준어규정, 외래어표기법을 충실히 적용해 수정했습니다. 그러나 관용적으로 쓰이는 표현은 살렸습니다. [ex. 증거하다(증언하다), 칼빈(칼뱅), 어거스틴(아우구스티누스), 나병환자(한센인), 맹인(시각장애인), 절름발이(지체장애인) 등]

2) 줄임말 표현 구조가 혼용된 것은 줄임말로 통일했습니다. 예를 들면 '되어→돼, 하여→해, 하였다→했다, 되었다→됐다' 등.

3) '이러한'이나 '또는', '~는 경우'처럼 자주 반복되는 관형어나 부사어 표현은 빼거나 다른 표현으로 바꾸기도 했습니다.

# **교열** 에티켓

'돌다리도 두들겨 보고 건넌다.'
'꺼진 불도 다시 본다.'

　교열하는 사람들에게 꼭 필요한 말이 아닐까 한다. 글을 다룰 때 신중을 기해야 한다는 의미로 제시한 예이다. 교열을 한다는 것은 다른 사람의 소중한 글을 바르게 고치고, 세련된 글로 다듬는 의미 있는 작업이다. 남의 글을 쉽게 생각해서도 안 되고 함부로 다뤄서도 안 된다. 교열자로서 필자에게 또는 그의 글에 보여야 할 최소한의 예의가 있다. 산을 오르는 사람은 산을 함부로 대하지 않듯이, 바다에서 일하는 사람이 바다를 함부로 여기지 않듯이 글을 다루는 교열자도 글을 대할 때 최소한의 예의는 갖춰야 한다. 또 교열을 제대로 하려면 갖춰야 할 기본 자세를 간과하면 안 된다. 다음에 열거한 내용의 일부는 실제로 겪은 필자의 교열 실수담일 수도 있다.

## ▌교열자의 기본 예의와 자세

- 필자의 글 수준을 함부로 평가하지 말라. 필자 나름대로는 잘 쓴다고 쓴 글이다.

- 악필이라고 나무라지 말라. 악필이 없으면 교열자 또한 필요 없다.

- 필자의 의도를 존중하라. 필자의 글이지 교열자의 글이 아니다.

- 필자의 스타일을 중시하라. 필자가 원하면 따라주라.

- 대안을 제시하되 지나치게 고집 부리지 말라. 괜히 인간성만 들통 난다.

- 마감 시간은 반드시 준수하라. 비용을 제때 받으려면 반드시 지켜야 한다.

- 메모지를 항상 지참하라. 뒤에 아쉬워하지 않으려면….

- 사전을 끼고 살라. 정확하게 교열하는 지름길이다.

- 교정부호를 정확하게 사용하라. 그려진 교정부호를 보면 경력이 보인다.

- 첫 문장은 반드시 두 번 읽으라. 누구나 쉽게 흘려버리는 게 첫 문장이다.

- 추정 교열은 절대 하지 말라. '~겠지'를 좋아하면 사고 나기 십상이다.

- 고유명사 표기는 일관성을 유지하라. 반드시 문서 전체에서 확인하라.

- 긴 단어는 반복해 읽으라. 글자 하나가 틀렸는데도 쉽게 넘어가는 함정이다.

- 오자 옆에 오자 있음을 명심하라. 반드시 조사와 어미에 신경 쓰라.

- 많이 고친 문장은 다시 읽으라. 자신도 모르게 교열 오류가 나올 수도 있다.

- 되도록이면 핫키(hot key)를 사용하라. 시간은 곧 돈이다.

- 수시로 어문법을 익히라. 프로가 되는 필수 과정이다.

- 지구력을 기르라. 그러지 않으면 문서 품질이 리듬을 타게 된다.

- 정보를 최대한 많이 확보하라. 비축된 정보는 교열의 최대 무기이다.

- 단번에 내용을 파악하라. 내용을 잘 모르면 교열은 불가능하다.

- 종류별 오류를 한눈에 파악하라. 집중력을 최대로 끌어올려야 가능하다.

- 빠르게 진단하고 빠르게 수정하라. 느린 진단과 세월없는 교열은 누구나 한다.

제3부

# 교열 디딤돌,
# 어문법

**1**

# 흥미롭게 익히는 **우리말**

# 가래침을
# 버리다?

'가래침과 남은 커피, 음료는 버리지 마세요.'

어느 날 아침 출근길에 문장 오류가 드러나는 팻말이 눈에 띄긴 했지만 바탕이 좀 지저분해서 '그냥 가야지' 하고 몇 발짝 지나쳤다. 얼마 못 가 '아니, 찍어야지' 하는 마음에 되돌아가서 기어이 스마트폰카메라로 찍었다. 이 무슨 직업의식인지, 과잉 교열인지….

웬만한 사람은 위 문장이 비문이란 거 바로 안다. 가래침과 커피, 음료를 한통쳐서 '버리다'라는 말과 쓸 수는 없다. 그렇다. 커피와 음료는 '버리는' 것이지만 가래침은 버리는 게 아니라 '뱉는' 것이다.

먼저 문장을 보는 독자의 느낌을 구분해 보면 '어울림'과 '어색함'이다. 이를 한자어로는 '호응(呼應)'과 '비호응'이 될 것이다. 어울림, 즉 호응은 '자연스러움'으로도 표현된다. 문장이 자연스럽게 읽히려면 문장성분 간 또는 단어 간에 어울림이 있어야 한다. 문장성분 간, 단어 간 어울리지 않는 문장은 어색해서 읽어 나가기도 쉽지 않다. 엄밀히 말해 비문이므로 반드시 어울리도록(호응을 이루도록) 고쳐야 한다.

'짚신도 제 짝이 있다'고 했다. 문장을 이루는 성분이나 단어도 각기 짝이 있다. 오른발에 짚신짝, 왼발에 구두짝을 신으면 이상하듯이 성분이나 단어도 짝이 다르면 이상하기 짝이 없을 것이다! '여간'의 짝은 '-지 않다'라는 부정 표현이고 '여쭐'의 짝은 '말'이 아니라 '말씀'이라는 높임말이다.

문장성분 간, 단어 간 어울림을 이해하기 위해 언어학에서 말하는 '연어(連語)', '관용어(慣用語)', '공기(共起)' 관계를 예문을 곁들여 탐구해 보기로 한다.

## ■ 연어

연어(連語)란 '두 개 이상의 단어가 결합해 하나의 의미 단위를 이루는 말'을 가리킨다. 이때 결합되는 단어가 연어 관계가 아니면 말법에 맞지 않는 어색한 문장이 된다. 우리말에서 두 가지 이상의 단어를 결합할 때는 반드시 연어 관계를 염두에 둬야 한다. 위 문장에서 '가래침'은 '뱉다'와 '커피'나 '음료'는 '버리다'와 연어 관계가 성립된다.

가래침을 버리다 → 가래침을 뱉다

따라서 위 문장은 아래와 같이 고쳐 적어야 바른 문장이 된다.


'가래침을 뱉거나 남은 커피, 음료를 버리지 마세요.'


다른 예를 몇 가지 더 살펴보기로 한다.


- 바지를 입다
- 모자를 입다
- 목도리를 입다
- 안경을 입다
- 장갑을 입다
- 신발을 입다


'바지를'과 '입다'는 연어 관계이지만 '모자를', '목도리를', '안경을', '장갑을', '신발을'은 '입다'와 연어 관계가 아니다. 아래와 같이 적어야 연어 관계가 이뤄진다.


- 바지를 입다
- 모자를 쓰다
- 목도리를 두르다
- 안경을 쓰다/끼다
- 장갑을 끼다

• 신발을 신다

연어의 이해 폭을 좀 더 넓히기 위해 어근에 붙는 조사에 따라 어울리는 사례도 살펴보기로 한다.

• 승강기: – 고장, – 정지, – 작동, – 문….

• 승강기가: –가 내려가다, –가 올라가다. –가 멈추다….

• 승강기에: –에 갇히다, –에 싣다….

• 승강기를: –를 기다리다, –를 타다, –를 고치다….

• 승강기에서: –에서 내리다, –에서 만나다….

## ▊ 관용구

관용구(慣用句)란 '두 개 이상의 단어로 이루어져 있으면서 그 단어들의 의미만으로는 전체의 의미를 알 수 없는, 특수한 의미를 나타내는 어구(語句)'를 가리킨다. 가령 '손이 크다'는 말은 '씀씀이가 후하다'를 가리키는 말이지 실제 손이 큰 사람을 지칭하는 말은 아니다. 또 '홍역을 앓다'라는 표현은 실제 '병을 앓다'라는 의미로 쓰이지만 '홍역을 치르다'는 '어려움을 겪다'라는 의미의 관용구로 쓰인다. 또 '손가락에 장을 지지다'라는 표현은 주장이나 사실을 장담할 때 쓰이는 관용구이다. '손'으로 표현되는 관용구를 몇 개 뽑아 적었다.

- 손에 익다: 일이 익숙해지다.

- 손에 장을 지지다: 어떤 사실이나 사건 따위를 전혀 믿을 수가 없다.

- 손을 끊다: 교제나 거래 따위를 중단하다.

- 손을 내밀다: 도움을 청하다.

- 손을 떼다: 하던 일을 그만두다.

- 손을 벌리다: 도움을 청하다.

- 손을 씻다: 부적절한 일을 끊다.

- 손이 닿다: 연결이 되거나 관계가 맺어지다.

- 손이 맵다: 살짝 때려도 아프다.

- 손이 크다: 씀씀이가 후하다.

# ▌공기

공기(共起)라는 말은 문법에서 쓰이는 용어인데 '같은 문장이나 구, 단어 안에서 문법적으로 벗어나지 않고 나타나는 현상'을 가리킨다. 예를 들면 '그가 그 건물에서 일한다'라는 문장에서 '그'와 '일한다'는 공기 관계를 가지는 바른 문장이다. 그러나 '건물이 그에서 일한다'라는 문장에서는 '건물'과 '일한다'는 공기 관계를 갖지 않는 비문이다. 다음 두 문장을 비교해 보자.

- <u>할아버지께서</u> 건넌방에서 <u>잔다</u>. ('께서'와 '잔다'는 공기 관계가 없음)
- <u>할아버지께서</u> 건넌방에서 <u>주무신다</u>. ('께서'와 '주무신다'는 공기 관계

가 있음)

'할아버지께서'의 '께서'와 '잔다'는 높임말법에서 공기 관계가 없다. '께서'와 '주무시다'는 공기 관계가 있다. 다음 두 문장도 비교해 보자.

- 우리말 문법은 여간 어렵다. (공기 관계가 없음)
- 우리말 문법은 여간 어렵지 않다. (공기 관계가 있음)

'여간'은 주로 부정의 의미를 나타내는 말과 함께 쓰이는 부사이다. 따라서 긍정의 의미를 나타내는 말과는 공기 관계가 성립되지 않는다. 언론 기사에서 자주 눈에 띄는 아래와 문장도 공기 관계를 눈여겨봐야 할 표현이다.

- 선생님의 깊은 사랑을 타산지석으로 삼아야 한다.
- 그는 제15대 국회의원을 역임했다.
- 서해교전 ○주기 추모식을 거행했다.

'타산지석'은 다른 사람의 '부정적인 면'을 보고 자신을 돌아본다고 할 때 쓰이는 말이다. 상대의 '긍정적인 면'은 '표상'으로 삼는 것이며 '본보기'로 삼는 것이다. 그렇게 표현해야 공기 관계가 이뤄진다. 또 '역임'은 '두루 거침'을 의미하는 말이어서 단 한 가지 직위를 거쳤을 때는 쓰이지 않는다. 서로 공기 관계가 없다. 또 '주기'는 '사람'과, '사건' 등은 '주년'

과 공기 관계가 있다. 이를 공기 관계가 있도록 바로잡으면 다음과 같다.

- 선생님의 <u>깊은 사랑을</u> <u>표상으로 삼아야</u> 한다.
- <u>그는 제15대 국회의원을</u> 지냈다.
- <u>서해교전 희생자 ○주기</u> 추모식을 거행했다.

# 깡통과
# 깡패

　충남의 한 농가에서 수꿩과 암탉을 한우리에서 길렀는데 암탉이 낳은 알에서 꿩도, 닭도 아닌 '꿩닭'이 태어났다고 한다. 머리와 배 부분은 닭을 닮았고 날개와 꼬리 부분은 꿩을 닮았다고 한다. 이렇게 이종 간에 태어난 종(種)을 '잡종(雜種)'이라고 한다. 간생(間生)이라고도 하는데 국어사전에 등재된 표제어는 아니다. 영어의 하이브리드(hybrid)에 해당한다고나 할까.

　아무튼 암말과 수탕나귀의 간생은 '노새(mule)', 반대로 수말과 암탕나귀의 간생을 '버새(hinny)'라고 한다. 또 말과 얼룩말의 간생은 '지브로이드(zebroid)', 수얼룩말과 암나귀의 간생은 '지브래스(zebrass)'라고 한다. 수사자와 암호랑이의 간생은 '라이거(liger)', 반대로 수호랑이와 암 사자의 간생은 '타이건(tigon)'이라고 한다.

　간생 현상은 비단 동물에서만 일어나는 것은 아니다. 언어에서도 그런 현상이 많이 나타난다. 이종(異種) 언어가 결합해서 생긴 단어, 즉 혼성어가 이에 해당하지 않을까.

"핸들 잇파이 꺾어!"

웃자고 하는 말이겠지만 오래전에 들은 거라 언제, 누구에게 들었는지 정확히 기억나지는 않는다. 하지만 영어와 일본어, 한국어 등 3국 언어를 섞은 재미있는 문장이라서 그런지 기억에 새롭다.

강의를 듣는 새내기 대학생들에게 요즘 청소년들이 사용하는 신조어를 하나둘 얻어 듣는다. 가끔 들은 신조어라 일일이 기억하진 못하고 또 그러려고 노력하지도 않지만 유독 영어와 결합돼 마치 혼성어처럼 쓰이는 말엔 흥미를 좀 느끼고 있다. 자신은 없지만 몇 가지 적어 본다.

## ▍신종 혼성어

- 반모(牛mo): 반말모드
- 즐설리(즐설re): 즐겁고 설레게 하는 리플
- 비담(vi擔): 비주얼 담당
- 빼박캔트(빼박can't): 빼도 박도 못하다
- 버카충(buca充): 버스카드 충전
- 득템(得tem): 아이템 획득

2014년 국립국어원에서는 행사 때 선물용으로 많이 쓰이는 '텀블러(tumbler)'의 순화어를 '통컵(桶cup)'으로 결정했다고 발표했다. 그러자 뿔난(?) 누리꾼이 난리치듯 댓글을 우르르 올렸다. '컵(cup)'은 외래어가 아니냐며, 외래어를 외래어로 바꾼 게 무슨 순화냐라는 항변이었던 것이다. 그 말에도 일리가 없는 건 아니지만, 한편 생각해 보면 '컵'은 이미 우리말에서 마치 고유어처럼 쓰이고 있으니까. 컵 외에도 이미 고유어처럼 쓰이고 있는 단어가 여럿 있긴 하다.

## ■ 굳어진 외래어

- 가방: 네덜란드어 kabas
- 고무: 프랑스어 gomme
- 잉크: 영어 ink
- 빵: 포르투갈어 pão
- 남포: 영어 lamp
- 담배: 포르투갈어 tabaco
- 잠바: 영어 jumper
- 건달: 산스크리트어 Gandharva
- 노다지: 영어 no touch

내친 김에 이문자 조합으로 이뤄진 혼성어를 좀 더 살펴보기로 한다.

## ▌영+한자어 혼성어

- 깡패: gang+牌
- 깡통: can+桶
- 만땅: 滿+tank
- 급커브: 急+curve
- 급템포: 急+tempo
- 세미나실: seminar+室
- 테이블보: table+褓
- 택시비: taxi+費
- 스키복: ski+服
- 메모광: memo+狂
- 스피드광: speed+狂

## ▌혼성 신조어

- 컴맹: computer+盲
- 광클: 狂+click
- 악플: 惡+replly
- 선플: 善+replly

- 즐겜: 즐거운+game

- 네트워크가족: network+家族

- 뇌섹남: 腦+SEXY+男

- 눔프족: NOOMP+族

- 루비족: RUBY+族

- 웹버족: WEb+silVER+族

- 코피스족: COffee+oFFIce+族

- 쿡방: cook+放送

- 먹스타그램: 먹다+inSTAGRAM

- 멘붕: MENtal+崩壞

- 관피아: 官僚+maFIA

- 치맥: chicken+麥酒

- 택포: tax+包含

- 홀릭녀: holic+女

- 휴대폰: **携帶**+phone

이문자 조합 구조는 아니지만 '시아버지'를 '#G(샵쥐)'로 부르는 신조
어는 제발 쓰지 마시라고 말리고 싶은 마음이다.

# 남북한 어문법 비교

"아빠, 금강산에 가서 북한 사람과 절대로 대화하면 안 돼!"

금강산으로 떠나기 직전 등 뒤에서 딸이 신신당부했다. 우리 딸은 내가 누구에게나 스스럼없이 먼저 말을 잘 건네는 성향을 알고 있어서 그랬다. 그 당시 금강산으로 간 관광객 한 분이 말꼬리를 잡혀 북한에 억류됐던 사건이 일어난 직후라서 걱정돼 그랬을 것이다. 호텔이 아니라 배에서 숙박하던 때였으니까 배에서 여장을 꾸리고 출발해 만물상 코스로 들어섰다. 마지막 계단을 힘겹게 올라와 내려다 본 만물상 풍경을 눈으로, 가슴으로, 사진으로 담았다. 거기서 그리 오래 머물지 못하고 내려오는 계단으로 들어섰다. 그때였다.

"동아일보 박재역 기자시지요?"

북한 지역 억양이 귀를 의심케 했다. 뒤에서 '내 이름을…누굴까?' 뒤를 돌아보지 않을 수 없었다. 30대 후반에서 40대 초반 정도 나이에 무표정한 남자가 마치 대답을 재촉하는 듯 시선을 나에게 고정하고 있었다.

"맞습니다만…."

"이번에 남측 기자들이 '남북 언어 비교' 세미나 하러 왔다지요?"

갑자기 딸의 경고가 떠올랐다. '그래 대답을 짧게 하고… 빨리 여길 벗어나야 돼!' 마음은 그랬지만 버릇까지 접기는 어려웠다.

"예, 맞습니다. 그런 걸 다 어떻게 알고 있어요?"

그 말엔 대꾸도 않고 이미 '그들의 말'(?)을 시작하고 있었다. 남측 맞춤법부터 트집 잡기 시작했다. 왜 두음법칙이란 걸 쓰느냐, 그러면 '역사'와 '력사'를 어떻게 구분하느냐, 한자는 왜 그리 많이 쓰느냐, 북에서는 위대하신 수령님이 중국에 당당히 맞서 중국말을 폐지하지 않았느냐, 외국말은 또 왜 그리 많이 쓰느냐…. 대꾸할 겨를도 없이 신문사 얘기, 정당얘기, 정치 얘기, 미국 관계, 중국 관계…끝이 어딘지 모르게 이야기를 잇고 또 이어갔다.

우리 딸의 걱정은 그야말로 기우였다. 이야기할 틈을 줘야 무슨 말이든 할 수 있을 텐데, 어쩌다 한 마디 하려고 하면 바로 말을 끊으며 자기 이야기만 줄줄 쏟아 냈다. 이제 그만하고 저리 좀 갔으면 싶은데도 집요하게 따라오면서 참 재미없는 얘기를 정신없이 쏟아 냈다.

두 시간여 흐른 뒤 주차장까지 내려왔다. 가끔 피워 물던 북쪽 담배가 어느 순간 그의 손엔 남쪽 담배로 바뀌어 있었다. 그때 금강산은 전역이 금연 지역이었다. 그럼에도 그는 노골적으로 피워 댔다. 그제야 물었다. "당신 무슨 일 하는 사람이냐"고…. 그는 만물상 안내원 배치 책임자라고 신분을 밝혔다. 아마도 안내원들을 이끌고 만물상을 휘젓고 다니는 사람이 아닌가 짐작했다.

마지막 차에 오르기 전에 그가 그랬다. 통일되면 꼭 만나자고…. 그 전에 가족들이나 아는 사람이 금강산에 오게 되면 입구에서 자기를 찾으면 모든 안내를 책임져 줄 거라며 거드름에 가까운 모습을 보였다. 이름을 물었다.

"당신은 내 이름을 아는데 나는 당신 이름을 모르잖소…. 명함을 주시든지…."

"명함 필요 없어요. 한 번 들으면 잊지 않을 거니까…. 나 '고종수'요. 삼성팀 축구선수 있지요, '고종수'라고…. 똑같아요."

차가 출발하자 그는 손을 흔들었다. 차가 능선 굽이를 돌아 나가며 보이지 않을 때까지….

그의 이름이 정말 고종수였는지 아닌지는 모른다. 그 이듬해 어문연구팀 부장님이 금강산에 가서 정말로 물어보셨단다. 여기 고종수라는 사람 있느냐고…. "그런 사람 여기 없소!"가 대답의 전부였다고 했다.


남과 북의 맞춤법은 많이 다르다. 뿌리는 같은데 서로가 변해 왔다. 1966년 북한에서 '조선말규범'을 제정하고 1987년 개정한 이후 상당히 멀어졌다. 1988년 남한 문교부에서 '한글맞춤법'을 1988년 고시하고 1989년 시행에 들어가면서 간극이 더욱 벌어졌다. 모두 비교해서 적을 수는 없고 특징적인 몇 가지만 비교해 적어 본다.

:: 자음 명칭이 다르다.

북에서는 일관되게 '│으' 구조에 맞춰 적는다.

- [북] 기윽(ㄱ), 디읃(ㄷ), 시읏(ㅅ), 된기윽(ㄲ), 된디읃(ㄸ), 된비읍(ㅃ), 된
  시읏(ㅆ), 된지읒(ㅉ)

남에서는 훈몽자회에서 사용된 표기에 따라 적는다.

- [남] 기역(ㄱ), 디귿(ㄷ), 시옷(ㅅ), 쌍기역(ㄲ), 쌍디귿(ㄸ), 쌍비읍(ㅃ), 쌍
  시옷(ㅆ), 쌍지읒(ㅉ)

:: 어미 '여' 쓰임에 차이가 난다.

북에서는 어간 끝 모음이 'ㅣ, ㅐ, ㅔ, ㅚ, ㅟ, ㅢ'일 때 '-여'가 붙는다.

- [북] 피였다, 내였다, 세였다, 되였다, 뛰였다, 희였다

남에서는 'ㅣ, ㅐ, ㅔ, ㅚ, ㅟ, ㅢ'일 때 '-어'가 붙는다.

- [남] 피었다, 내었다, 세었다, 되었다, 뛰었다, 희었다

단, 남에서 '-여'는 '하다'에만 쓰여 '하여'가 허용된다.

:: 'ㅂ'불규칙활용에 차이가 난다.

북에서는 ㅂ불규칙활용 때 앞 모음에 'ㅏ, ㅗ'가 오면 'ㅂ'이 '오'로 바뀐다.

- [북] 아름다와, 고마와, 달가와, 반가와

남에서는 'ㅂ'불규칙활용 때 앞 모음에 'ㅏ, ㅗ'가 와도 'ㅂ'이 '우'로 바뀐다.

- [남] 아름다워, 고마워, 달가워, 반가워

단, 곱다(고와)와 돕다(도와) 두 가지만 예외로 쓰인다.

:: 북한어에는 두음법칙이 없다.

북한어에는 두음법칙이 적용되지 않는다.

- [북] 녀자(女子), 년금(年金), 년령(年齡), 련습(練習), 락하(落下), 랭면(冷麵), 력사(歷史)

남에서는 일부 소리가 단어의 첫머리에 발음되는 것을 꺼린다. 가령 'ㅣ, ㅑ, ㅕ, ㅛ, ㅠ' 앞에서의 'ㄹ'과 'ㄴ'은 'ㅇ'이 되고, 'ㅏ, ㅓ, ㅗ, ㅜ, ㅡ, ㅐ, ㅔ, ㅚ' 앞의 'ㄹ'은 'ㄴ'으로 변한다.

- [남] 여자(女子), 연금(年金), 연령(年齡), 연습(練習), 낙하(落下), 냉면(冷麵), 역사(歷史)

단, 다음의 몇 가지는 두음법칙에 따르지 않는다.

- '몇 리' 할 때 '리(里)'
- '그럴 리가' 할 때 '리(理)'
- '몇 년' 할 때 '년(年)'
- '몇 냥' 할 때 '냥(兩)'

:: 북한어에는 사이시옷 규칙이 없다.

북에서는 남한과 발음이 같아도 사이시옷은 받쳐 적지 않는다.

- [북] 저가락(젇까락/저까락), 나무잎(나문닙), 배사공(밷싸공/배싸공), 코노래(콘노래)

단, 구별이 필요한 몇몇 단어에는 사이시옷을 적기도 한다.

- 새별(새로운 별)과 샛별(금성)
- 비바람(비와 바람)과 빗바람(비가 오면서 부는 바람)
- 새서방(신랑)과 샛서방(남편 외 관계하는 남자)

남에서는 순우리말 또는 순우리말과 한자어로 된 합성어 가운데 앞말이 모음으로 끝날 때

- 뒷말의 첫소리가 된소리로 나거나,
- 뒷말의 첫소리 'ㄴ', 'ㅁ' 앞에서 'ㄴ' 소리가 덧나거나,
- 뒷말의 첫소리 모음 앞에서 'ㄴㄴ' 소리가 덧날 때 사이시옷을 받쳐 적는다.
- [남] 젓가락(젇까락/저까락), 나뭇잎(나문닙), 뱃사공(밷싸공/배싸공), 콧노래(콘노래)

:: 띄어쓰기에 차이가 난다.

북에서는 '조선말 띄여쓰기규범'에 따라 불완전명사(남한의 의존명사)를 붙여 쓴다(북한에서는 '띄어쓰기'를 '띄여쓰기'로 쓴다).

- [북] 내것, 할수 있다, 한개

남에서는 한글맞춤법의 띄어쓰기 규칙에 따라 의존명사를 띄어 쓴다.

- [남] 내∨것, 할∨수 있다, 한∨개

단, 일부 붙여 쓰기를 허용하고 있다.

- 이것, 이분, 젊은이, 엮은이

:: 외래어 표기에 차이가 난다.

북에서는 주로 러시아어를 통해 유입된 경우가 많아 러시아어 발음에
가까운 표기가 많다.

- [북] 뜨락또르(러시아어: трактор), 스토킹(영어: Stocking), 뽈스까
  (폴란드어: Polska), 뻰끼(일본어: penki)

남에서는 외래어표기법에 준해 표기하되 원지음을 따른다.

- [남] 트랙터(영어: Tractor), 스타킹(영어: Stocking), 폴란드(영어:
  Poland), 페인트(영어: paint)

# 낱말 뿌리 뽑기
## 밤(栗)이란?

대율(大栗): 한밤

대구에서 안동 방향으로 약 50km 달리다 보면 경북 칠곡군 동명면에 닿는다. 거기서 군위군 부계면을 향해 우회전해서 들어가면 제2석굴암으로 불리는 군위삼존석불을 만나게 된다. 그곳을 지나쳐 좀 더 올라가면 팔공산 자락에 아담하게 자리 잡은 '대율리'라는 아담한 마을이 있다. 대율리에는 예부터 굵은 밤이 생산되는 마을이라 해서 '한밤마을'로도 불렸다. 이 '한밤'을 한자어로 바꾼 이름이 '대율(大栗)'이다.

율자(栗子), 율황(栗黃), 생률(生栗), 건율(乾栗)

매년 가을 추석을 앞둔 시점이면 밤송이가 마치 불가사리처럼 사방으로 입을 벌리고 알밤을 뱉어낸다. 그때쯤 곳곳에는 밤 줍기 행사가 줄을 잇는다.

밤은 한자어로 '율자(栗子)' 또는 '율황(栗黃)'이다. 이 한자어 '율(栗)'이 다른 말과 결합할 때는 앞말 받침에 따라 '률'과 '율'로 달리 적어야 한다. 받침이 없거나 받침이 'ㄴ'이면 '율'로, 'ㄴ' 외의 받침이면 '률'로 적어야 한다. 그래서 생밤은 '생률(生栗)'이라 적고 말린 밤은 '건율(乾栗)'로 적는다.


밤늦, 밤느정이, 밤벌레, 꿀꿀이바구미


밤이 영어로는 체스트넛(chestnut)이다. '밤 줍기'는 영어로 'nutting'이다. 영어에서 'nut'은 나무 열매의 통칭이다. 밤꽃이 필 때면 수많은 벌이 달려들어 '밤꿀'을 만들어 낸다. 밤꽃을 달리 '밤늦' 또는 '밤느정이'라고도 부른다. 밤이 여물면 '밤벌레'가 달려든다. 이 밤벌레는 '꿀꿀이바구미'의 애벌레라고 한다.


올밤, 풋밤, 햇밤, 덕석밤, 도톨밤, 빈대밤, 왕밤


이른 시기에 생산되는 밤을 '올밤', 아직 덜 익은 밤을 '풋밤', 그해에 새로 난 밤은 '햇밤'이라 부른다. 밤은 크기와 모양에 따라 넓적하고 크게 생긴 '덕석밤', 둥글고 작은 '도톨밤', 알이 잘고 납작하게 생긴 '빈대밤', 알이 굵은 '왕밤' 등으로 구분해 부른다.


교열기자의 오답노트

밤알, 밤톨, 송이밤, 외톨박이 밤(외톨밤, 회오리밤), 두톨박이 밤, 세톨
박이 밤, 가운데톨, 가톨, 쌍둥밤

밤 하나하나의 알은 '밤알' 또는 '밤톨'이며 밤송이 속에 든 밤은 '송
이밤'이다. 밤송이 속에 밤톨이 한 개만 들어 있으면 '외톨박이 밤' 또는
'외톨밤'이며 '회오리밤'으로도 불린다. 두 개가 들어 있으면 '두톨박이
밤', 세 개가 들어 있으면 '세톨박이 밤'이다. 세톨박이 밤 중에서 가운데
밤을 '가운데톨', 바깥 쪽 두 개는 '가톨'이라 부른다. 그런데 하나의 겉
껍질 속에 두 쪽이 들어 있는 것은 '쌍둥밤'이다.

세 겹 껍질, 밤송이, 겉껍질, 속껍질, 밤색, 보늬

밤은 세 겹 껍질에 싸여 있어 먹으려면 세 껍질을 차례로 벗겨야 한다.
세 겹 껍질이란 가시가 빼곡한 밤송이와 매끈한 겉껍질 그리고 속껍질
을 가리킨다. 밤송이는 밤이 익으면 저절로 네 쪽으로 입을 벌리지만 겉
껍질과 속껍질은 일일이 벗겨 내야 한다. 흔히 '밤색'이라 부르는 진한
갈색은 겉껍질의 색깔을 가리킨다. 또 경상도와 충청도 일부에서 '버니'
라고 부르는 밤 속껍질의 표준어는 '보늬'이다. 보늬는 떫은맛이 난다.

겉밤, 속밤, 황밤, 피율(皮栗), 아람, 알밤

밤송이를 까면 '겉밤'이, 껍질을 벗기면 '속밤'이, 보늬를 벗기면 '황

밤'이 나온다. 송이밤-겉밤-속밤-황밤 순으로 벗긴 후에야 비로소 음
식의 기능을 하는 맛있는 '밤'을 만날 수 있다. 겉밤을 한자어로 '피율
(皮栗)'이라고도 하며 벌어진 밤송이에 그대로 달려 있는 밤은 '아람'이
고 떨어지면 '알밤'이 된다. 그래서 아람은 '벌어진다' 하고 알밤은 '줍는
다'고 하는 것이다.

생률(生栗, 생밤, 날밤), 건율(乾栗), 외율(煨栗, 군밤), 숙률(熟栗), 황
률(黃栗), 밤죽, 밤암죽, 밤밥, 밤떡, 밤설기, 밤싸라기, 밤소, 밤경단, 밤
초, 율란(栗卵), 밤즙, 밤편

'생밤'을 '날밤'이라고도 하고 한자어로 '생률(生栗)'이라고 하며 말린
밤은 '건율(乾栗)', 구운밤은 '군밤' 또는 '외율(煨栗)', 삶은 밤은 '숙률
(熟栗)'이라 한다. 또 밤을 말려 보늬까지 벗겨 낸 밤을 '황률(黃栗)'이라
고 한다. 밤을 죽으로 끓이면 '밤죽', 쌀을 섞어 끓이면 '밤암죽'이 된다.
밤을 섞어 지은 밥은 '밤밥'이며 밤을 섞어 만든 떡은 '밤떡', 쌀가루에
밤을 넣고 꿀물을 내려 켜켜이 찐 떡은 '밤설기'이다. 밤을 으깨어 만든
음식을 '밤싸라기'라 하며 그것을 송편에 넣으면 '밤소'가 되고 경단에
묻히면 '밤경단'이 된다. 꿀을 넣고 밤을 삶아 으깬 뒤 잣가루와 계핏가
루를 뿌리면 '밤초'가 되고 도토리 크기로 빚어내면 '율란(栗卵)'이 된다.
'밤즙'에 녹말가루와 꿀을 넣고 졸이면 '밤편'이 된다.

조율(棗栗)=폐백(幣帛), 조율이시(棗栗梨柿)

대추와 밤을 아울러 '조율(棗栗)'이라 하는데 '폐백(幣帛)'과 같은 말로 쓰이기도 한다. 사자성어 중에 대추, 밤, 배, 감을 이르는 '조율이시(棗栗梨柿)'는 제사상 차릴 때 왼쪽부터 차례로 차리는 격식을 가리킨다.

'밤'과 관련된 단어를 모조리 뽑아 본 것이다. 사물 한 가지에 속하는 단어를 모조리 뽑아 보는 것도 무척 흥미 있는 작업이다. 그러면서 사전도 많이 찾아보고, 찾은 내용을 익히기도 하면 어느새 어휘 공부가 저절로 이뤄지고 있음을 깨닫게 될 것이다.

입화습률(入火拾栗)

마지막으로 밤과 관련한 사자성어를 놓칠 수 없다. '입화습률(入火拾栗)'이란 '불 속에 들어가서 밤을 줍는다'는 뜻으로, 사소한 이익을 얻기 위하여 큰 모험을 하는 어리석음을 이르는 말이다. 이 글을 읽으시는 분들은 부디 '입화습률(入火拾栗)'하는 어리석음을 범하지 않으시길⋯.

# 내 **이름**은
# Khan!

## ▌ 베트남어 Nguyên

몇 년 전 한국에서 베트남인을 대상으로 선교 활동을 하고 있는 베트남 목사님과 알고 지냈다. 어느 날 그에게 'Nguyên'이라 적은 쪽지를 내밀고 읽어 보라고 했다. 그 자리에서 그의 발음을 열 번 정도는 반복해 들었지만 도저히 한글로는 표기할 수 없다는 걸 알았다. 어떻게 들으면 비음 섞인 '웽' 같고 또 달리 들으면 '우웽' 같기도 했다. 궁금하신 분을 위해 유튜브 발음 자료 하나 올린다. 직접 들어보시길….

https://www.youtube.com/watch?v=yJehmaPnxgY

그에게 물어보았다. 한글로 어떻게 옮기면 좋겠느냐고….

"한국어에는 이런 소리 없어요!"

'Nguyên'은 베트남의 왕조 이름인데 현재 베트남인들의 이름에도 많이 쓰인다. 현행 외래어 표기법 용례에 따라 적으면 '응우옌'이다. 'Nguyên'이 '동남아시아 3개 언어 외래어 표기 용례집'(2004) 발표 이전에는 '구엔'으로 적기도 했다. 베트남이 공산화되기 직전 피신한 당시 대통령을 '구엔 반 티우(Nguyên Văn Thiêu)'라고 적었다. 이제는 개정된 베트남어 표기법에 따라 '응우옌 반 티에우'로 적고 있다.

## ■ 외국어 발음 한글 전사

몇 년 전 우연히 "내 이름은 칸(My name is Khan)"이라는 인도 영화를 진지하게 본 적이 있다. 자폐증이 있는 주인공 'Khan'은 누구를 만나든 제일 먼저 "제 이름은 'Khan'입니다. 저는 테러리스트가 아닙니다(My name is Khan. I'm not a terrorist)"라고 입버릇처럼 자신을 소개하는 장면이 많이 나온다.

누군가가 '칸[kan]'이냐고 되물으면 어김없이 "저는 '칸[kan]'이 아니라 '크한[khan]'입니다"라며 비음 섞인 발음을 하곤 한다. 'Khan'의 [kh]는 한국 사람에게는 무척 까다로운 발음이다. 발음이 '칸'도 아니고 '한'도 아니다. 그래서 여기서도 '크한[khan]'이라고 표기할 수밖에 없다. 궁금하다면 유튜브의 공개 동영상으로 직접 발음을 확인할 수 있다.

https://www.youtube.com/watch?v=u9O1g6jZHMw

## ■ 외국어 발음의 한글 표기

어느 나라 말이든지 외국어 발음을 한글로 완벽하게 표기한다는 것은 불가능하다. 원어 발음에 가깝게 표기하도록 마련한 규정이 바로 외래어 표기법이다. 이 표기법에 따라 적는다 하더라도 정확히 적을 수는 없다.

영어의 [p]와 [f]를 구분해 표기할 수가 없다. 모두 [ㅍ]으로 통일해서 적는다. 그래서 [피]로 적으면 '수수료(fee)'와 '오줌 누다(pee)'의 구별이 안 된다.

중국어에서 병음 [r]는 [ㄹ]로 표기하지만 사실은 현지 발음과는 거리가 멀다. '사람 인(人)'은 중국어 병음으로 [ren]이다. 이를 '런'으로 표기하지만 실제 중국인들이 [r] 발음을 할 때는 혀를 말지 않고 편 상태로 혓바닥을 입천장 가까이 대고 앞니를 거의 다물면서 내는 소리이다. 개인적으로 들어봤을 때는 'ㄹ'에 'ㅈ'을 섞은(?) 발음으로 들렸다. [ch]와 [q]도 엄연히 다른 발음이지만 초음을 [ㅊ]으로 통일했다.

일본어 '쓰시마(つしま)'의 [つ]나 '홋카이도(ほっかいどう)'의 촉음 [っ]도 한글 표기가 어렵기는 마찬가지다. [つ]는 [쓰]로, 촉음 [っ]은 [받침 ㅅ]으로 적고 있다. 'つつがむし'는 '쯔쯔가무시'도, '츠츠가무시'도 아닌 '쓰쓰가무시'로 적는다.

그뿐 아니라 대부분의 유럽어나 아프리카, 중남미, 중동의 수많은 언어에서 한글로 정확히 표기하기가 어려운 발음이 많다. 아예 불가능한 경우도 있다.

## ▌다른 나라에서는 외래어를 어떻게 표기할까?

　미국에서는 외국의 지명이나 인명을 자기네 발음대로 그냥 불러 버린다. '베니스'를 '베네치아'로, '산호세'를 '새너제이'로, '캅카스'를 '코카서스'로, '피렌체'를 '플로렌스'로, '키프로스'를 '사이프러스'로 부른다. 그들에게 '서울'을 발음하게 해 보라. 제대로 '서울'이라고 발음하는 외국인이 과연 얼마나 될까. 아마도 '셔울'이란 발음을 많이 들을 수 있으리라.

　일본인의 외래어 발음을 들어보면 그나마 우리의 외국어 발음이 나은 편이다. '맥도널드(MacDonald)'는 '마쿠도나루도(マクドナルド)'로, '내비게이션(navigation)'은 '나비게이숀(ナビゲーション)'이라 한다고 하던데…. 사실은 '맥도널드'가 바르고 '마쿠도나루도'가 잘못이라거나 '내비게이션'이 바르고 '나비게이숀'이 잘못이라고 할 수는 없다. 모국어의 자모 구조나 발음 체계가 외국어와 다르기 때문에 당연히 달리 표기될 수밖에 없을 것이다. 그렇다고 일본인 모두가 영어권에서 외국인과 영어로 대화할 때에도 '마쿠도나루도'나 '나비게이숀'이라 하지는 않을 것이라 생각한다.

　중국에서는 외래어 표기법이란 게 있는지 없는지 현지인들은 별로 신경 쓰지 않는다. 그럼에도 그 많은 사람들의 외래어 표기는 한결같았다. 따지는 사람도 없고 표기가 서로 다른 경우도 없다. '런민일보'에 보도되거나 '중국중앙TV(CCTV)'에서 나가면 그렇게 외래어 표준 표기로 굳어지는 것 같다. 비록 외국어 발음에 근접도 않은 표기가 많긴 하지만….

　중국에서는 '맥도널드'를 '마이당라오(麦当劳)', 우리나라 소주 브랜드 '처음처럼'은 '추인출러(初饮初乐)'라고 쓰고 있다. 하지만 '내비게이션'은 외래어로 쓰지 않고 중국어로 '치처다오항이(汽车导航仪)'라고 쓰는데 그냥 줄여서 '다오항(导航)'이라 많이 쓴다.

우리나라의 외래어 표기법은 맞다 틀리다로 왈가왈부할 대상이 아닌, 우리만의 통일된 규정이며 약속일 뿐이다.

# 외래어 표기법이
# 기가 막혀?

교열 작업을 진행하다 보면 가끔 외래어 표기를 두고 문제를 제기하는 집필자를 더러 만난다. 원고에 등장하는 외래어를 표기법에 맞게 수정하다 보면 집필하신 분들이 의아해하기도 하고…. 특히 외국 생활을 많이 하신 분 중에서 '도대체 이게 뭐냐'는 듯 어이없다는 반응을 보이는 분도 있다.

그러면 외래어 표기법에 따라 수정했다고 하면 대부분 "누가 표기법을 맞지도 않게 이렇게 만들었느냐"고 마뜩잖다는 반응을 보인다. '이렇게'라는 부사어를 쓰면서 항의하는 사람은 그래도 점잖은 편이고 간혹 '이따위'라는 표현을 쓰는 사람도 있다.

외래어 표기법은 1986년 당시 문체부 고시 제85-11호로 공포된 것으로, 그간에 일부 개정하거나 추가하는 과정을 거쳐 오늘에 이르렀다. 30년 전에 정해진 규정이라 요즘 적용하기에는 무리가 좀 따르는 것도 사실이긴 하다. 외국어를 많이 접하는 국민도 그때보다는 많아졌고….

하지만 외국인과 외국어로 대화를 할 때 들리는 발음 그대로 표기하는 나라는 아마도 지구상에는 없을 것이다. 외래어 표기법은 말 그대로 외래어 표기에만 사용되는 규칙일 뿐이라고 받아들이면 좋을 듯하다. 외국어를 익히기 위한 학습자료가 아니라 '이런 발음은 우리가 이렇게 쓰자'라고 약속된 규칙으로 보면 그렇게 나무라고 싶은 생각이 줄어들지도 모른다.

## ■ 있는 것만으로도 고마워할 만해

외래어 표기법이 엉망이라고, 형편없다고, 현지 발음과 맞지 않다고 하면서 마냥 무시하려는 사람을 가끔 만나게 되는데 그들께 악법도 법이니까 지켜야 한다고까지는 하고 싶지 않다. 다만 생각을 좀 바꾸면 좋겠다는 말은 하고 싶다.

만일 외국인들에게 한국어 발음을 자기 나라 문자로 정확하게 표기하라고 하면 과연 얼마나 많은 나라에서, 얼마나 많은 사람이 정확하게 옮길 수 있을까 싶어서 그런다. 멀리 갈 것 없이 한국어에서 음운이나 문자가 결합돼 쓰일 때도 발음이 다를 수 있으니까. 가령 '독립문'이라 쓰고 '동님문'이라 읽는다. 그래서 로마자로 표기하면 'Dongnimmun'이 되는 것이다.

어차피 다른 나라 언어의 발음을 한글로 100% 표기하기가 불가능하다면 '우리는 이렇게 발음하기로 한다'라고 정한 규칙을 따르는 게 현명한 방법일 수 있다. 어떤 언론사에서는 'Genom'을 독일어 발음으로 '게놈'이라 쓰고 다른 언론사에서는 영어식 발음으로 '지놈'이라 한다면 독자들에게 혼란만 주는 것이다. 그래서 필자는 '유전체'로 순화해 쓰고 싶어진다.

어쩌면 우리나라에 외래어 표기법이 있다는 사실에 조금이라도 위로가 된다고 조심스럽게 결론 내려 본다. 아무리 우리나라의 외래어 표기법이 나름대로 허접하다고 판단된다 하더라도, 많이 나무라고 싶다 해도 함부로 무시하지 않았으면 하는 바람이다. 우리나라에서 정한 우리의 규칙이니까.

# 너덧, 너댓,
# 네댓, 너더댓

우리 어머니는 생전에 심부름을 시키면 정확히 몇 개 갖고 오라고 하지 않으셔서 늘 불만스러웠다.

"얘야, 밭에 가서 무 서너 개만 뽑아 오너라. 김치 좀 담그게."

늘 그런 식이었다.

"엄마, 세 개요, 네 개요?"

화를 버럭 내며 따져 들어도 대답 없이 손짓 재촉만 하셨다.

아들이 따지건 말건 어머니는 다음에도 또 그렇게 시키셨다.

"얘야, 장작 대여섯 개만 가져와."

그처럼 어머니는 정확하게 '두 개'라는 각진 정수 표현보다 '두어 개'나 '두세 개'라는 완곡한 어림수 표현을 좋아하셨다.

우리말에서 어림수는 주로 1과 9 사이에서 쓰인다. 영어에서도 'one or

two', 'two or three', 'three or four'처럼 어림수(around numbers)가 있다. 어림수는 주로 준말로 쓰이는데 1과 4 사이는 관형사와 수사가 달리 표현되지만 4와 9 사이는 관형사와 수사가 같은 모양으로 쓰인다.

주로 잘못 쓰이는 어림수가 '4~5' 구간이다. '너덧'이나 '네댓'으로 써야 하는데 '너댓'으로 잘못 쓰는 사례가 많이 나타난다. 그래서 정수를 나타내는 수관형사와 수사, 어림수를 나타내는 수관형사와 수사를 표로 만들어 올린다.

## ■ 정수의 수관형사와 수사

| 숫자 | 수관형사 | 수사 |
|------|----------|------|
| 1 | 한 | 하나 |
| 2 | 두 | 둘 |
| 3 | 서, 세, 석 | 셋 |
| 4 | 너, 네, 넉 | 넷 |
| 5 | 다섯 | |
| 6 | 여섯 | |
| 7 | 일곱 | |
| 8 | 여덟 | |
| 9 | 아홉 | |
| 10 | 열 | |

# ■ 어림수

| 숫자 | 수관형사 | 수사 |
|------|----------|------|
| 1~2 | 한두 | 한둘 |
| 2쯤 | 두어 | 두엇 |
| 2~3 | 두세 | 두셋 |
| 3~4 | 서너 | 서넛 |
| 4~5 | 너덧, 네댓, 너더댓, 네다섯 | |
| 5~6 | 대여섯, 대엿 | |
| 6~7 | 예닐곱 | |
| 7~8 | 일여덟 | |
| 8~9 | 엳아홉 | |
| 10 넘음 | 여남은 | |

# ■ 어림수 사용 예문

1~2: 한두(관형사)/한둘(수사)

- 똑똑한 사람 한두∨명만 있으면 해결된다.

- 똑똑한 사람 한둘만 있으면 해결된다.

2쯤: 두어(관형사)/두엇(수사)

- 똑똑한 사람 두어∨명만 있으면 해결된다.

- 똑똑한 사람 두엇만 있으면 해결된다.

교열기자의 오답노트

## 2~3: 두세(관형사)/두셋(수사)

똑똑한 사람 두세ㅇ명만 있으면 해결된다.

똑똑한 사람 두셋만 있으면 해결된다.


## 2~4: 두서너(관형사)/두서넛(수사)

- 똑똑한 사람 두서너ㅇ명만 있으면 해결된다.
- 똑똑한 사람 두서넛만 있으면 해결된다.


## 3~4: 서너(관형사)/서넛(수사)

- 똑똑한 사람 서너ㅇ명만 있으면 해결된다.
- 똑똑한 사람 서넛만 있으면 해결된다.


## 4~5: 너덧/네댓/너더댓/네다섯(관형사, 수사)

- 똑똑한 사람 너댓ㅇ명만 있으면 해결된다.(×)
- 똑똑한 사람 너덧ㅇ명만 있으면 해결된다.
- 똑똑한 사람 네댓ㅇ명만 있으면 해결된다.
- 똑똑한 사람 너덧만 있으면 해결된다.
- 똑똑한 사람 네댓만 있으면 해결된다.


## 5~6: 대여섯/대엿(관형사, 수사)

- 똑똑한 사람 대엿ㅇ명만 있으면 해결된다.
- 똑똑한 사람 대엿만 있으면 해결된다.

## 6~7: 예닐곱(관형사, 수사)

- 똑똑한 사람 <u>예닐곱</u>∨명만 있으면 해결된다.
- 똑똑한 사람 <u>예닐곱</u>만 있으면 해결된다.

## 7~8: 일여덟(관형사, 수사)

- 똑똑한 사람 <u>일여덟</u>∨명만 있으면 해결된다.
- 똑똑한 사람 <u>일여덟</u>만 있으면 해결된다.

## 8~9: 엳아홉(관형사, 수사)

- 똑똑한 사람 <u>엳아홉</u>∨명만 있으면 해결된다.
- 똑똑한 사람 <u>엳아홉</u>만 있으면 해결된다.

## 10 넘음: 여남은(관형사, 수사)

- 똑똑한 사람 <u>여남은</u>∨명만 있으면 해결된다.
- 똑똑한 사람 <u>여남은</u>만 있으면 해결된다.

# 리을(ㄹ)의
# 수줍음과 우애

우리말 사랑에 평생을 바치고 얼마 전 작고하신 정재도 선생은 생전에 [ㄹ]을 많이도 사랑하셨다. 아름다운 우리 [ㄹ]의 특성을 밝혀 '우리말의 신비 ㄹ'이라는 책을 내기도 하셨다. 생전에 그분을 만났을 때 우리말은 입에서부터 구르듯이 흘러나오는 'ㄹ'이 있어서 아름답다고 하셨다. 내 얼굴을 바라보시며 "박 기자 얼굴에는 'ㄹ'이 얼마나 있을까?"라고 물으셨다. 잠시 생각하는 나를 앞질러 줄줄 쏟아 내셨다.

얼굴, 머리, 머리카락, 골, 눈물, 눈알, 눈시울, 눈망울, 눈초리, 눈꼬리, 콧부리, 콧방울, 콧물, 콧날, 귓불, 입술, 이빨, 관자놀이, 볼, 구레나룻, 턱주가리….

## ▌중국 사람은 흉내조차 내기 힘든 [ㄹ]

중국에서 처음 중국인 대학생들에게 우리말을 가르치면서 [ㄹ] 발음을 그렇게 힘들어 한다는 걸 알게 되기까지는 그리 오래 걸리지 않았다. 어느 반에서 한 사람씩 [라] 발음을 하게 해 보았다. 놀랍게도 50여 명 중에서 겨우 한 사람만 정확히 발음했다.

그럴 수밖에 없는 것이 중국어에는 우리말의 [ㄹ]과 똑같은 발음이 없다. 중국어 병음에 우리말 [ㄹ]과 비슷한 발음이 있긴 하다. 바로 [r]인데 우리말 [ㄹ]과는 발성 형태 자체가 다르다.

중국어 [r]는 [ㄹ]처럼 혀끝을 잇몸에 가볍게 대었다가 떼면서 흘려 내는 소리(유음)가 아니다. [r]는 절대로 혀끝을 잇몸에 붙이지 않는다. 혀끝을 구부리지 않고 앞니 가까이 대고 공기를 앞으로 흘려보내면 [르]도 아닌, [즈]도 아닌 특이한 소리로 들린다. 이게 중국어의 [r] 발음법이다.

중국 학생들에게 한국어 [ㄹ] 발음을 제대로 가르쳐 보려고 사용한 방법이 시간 날 때마다 [라]를 무한 반복하게 하는 것이었다. 강의실에서 중국 학생들이 연습하는 "라라라라라…" 소리가 복도에까지 울려 퍼지기도 했다.

## ▌곳곳에 굴러다니는 [ㄹ]

구르듯, 흐르듯 들리는 소리 [ㄹ]이 포함된 낱말은 우리말에서 셀 수 없

교열기자의 오답노트

이 많다. 구르는 소리라서 그런지 [ㄹ]은 곳곳에 굴러다니며 여기저기 낱말 속에 많이 담겨 있다. 굳이 멀리서 찾지 않고 얼굴에서만도 많이 찾아진다고 이미 앞에서 적었다.

## ■ 죽어도 앞장서기 싫어하는 [ㄹ]

외래어를 제외하면 [ㄹ]이 앞서는 낱말은 겨우 손가락을 꼽을 정도다. 그래서 두음법칙이란 하나의 규칙이 성립될 수 있었다. 북한어에서는 무시하는 규칙이지만…. 가령 음악에서 이탈리아어 '레(re)', 영어의 'D'에 해당하는 우리말 계음 '라', 자음 이름 '리을', 거리를 측량하는 단위 '리(里)', '그럴 리가 없다'처럼 쓰이는 의존명사 '리(理)' 등 피치 못할 경우에만 [ㄹ]이 앞선다.

- 라: 라장조, 라단조
- 리을: 리을은 한글에서 네 번째 자음 이름이다.
- 리(里): 서울에서 부산까지는 몇 리나 될까?
- 리(理): 그가 결혼하다니. 그럴 리가 없어!

## ■ 수줍음 잘 타는 어미 [-ㄹ]

그런데 그렇게도 앞장서길 싫어할 만큼 수줍음 많은 [ㄹ]이 어미에는 '-ㄹ걸, -ㄹ게, -ㄹ는지, -ㄹ뿐더러, -ㄹ수록'처럼 서슴없이 앞장서는 것처럼 보인다. 하지만 문장에 들어가면 '할걸, 할게, 할는지, 할뿐더러, 할수록'처럼 자연스럽게 어간의 받침으로 숨어 버린다. 받침이 없는 어간에서 슬쩍 받침 노릇을 해 버리는 것이다.

- -ㄹ걸: 이럴 줄 알았으면 그렇게라도 <u>할걸</u>.
- -ㄹ게: 뭐든지 시키는 대로 <u>할게</u>.
- -ㄹ는지: 언제까지 그렇게 열심히 <u>할는지</u>.
- -ㄹ뿐더러: 그녀는 <u>예쁠뿐더러</u> 마음까지 착해요.
- -ㄹ수록: 보면 <u>볼수록</u> 정이 많이 가는 사람이야.

## ■ 변신하는 [ㄹ]

끝소리 'ㄹ'은 딴말과 어울릴 때 'ㄷ' 소리로 나는 것은 'ㄷ'으로 변신한다. '번지점프를 하다'에 나오는 대화에서 "젓가락은 받침이 시옷인데 숟가락은 왜 디귿이냐" 하는 질문의 답이 이 규칙을 두고 하는 말이다.

- 술+가락 → 숟가락
- 바느질+고리 → 반짇고리
- 사흘+날 → 사흗날
- 이틀+날 → 이튿날
- 설+달 → 섣달
- 잘+다랗다 → 잗다랗다

## ▌'서방님 앞'에서 도망가는 [ㄹ]

그런데 원래 어간의 받침인 [ㄹ]은 자기 뒤에 불편한 어미가 따라오면 슬쩍 사라지기도 한다. 특히 [ㄹ]은 'ㅅ, ㅂ, ㄴ, 오' 등이 뒤따라오면 도망가 버린다. 강의 때는 이들 자음을 사용해 단어로 만들어 '서방님 앞'에서는 [ㄹ]이 탈락한다며 이해를 돕기도 한다.

- ㄹ탈락: 날+는[나는], 살+는[사는], 살+느냐[사느냐], 놀+니[노니], 돌+는[도는]

- 썰은 김치보다 안 썰은 김치가 더 맛있다.(×)
- 썬 김치보다 안 썬 김치가 더 맛있다.(○)
- 낯설은 땅에서 말을 타고 거칠은 벌판으로 내달렸다.(×)
- 낯선 땅에서 말을 타고 거친 벌판으로 내달렸다.(○)
- 아까 수업시간에 졸은 사람 누구야?(×)
- 아까 수업시간에 존 사람 누구야?(○)

또 단어 형성 과정에서 [ㄹ]이 탈락하는 예도 많다.

- 열+달+이[여닫이], 말+소[마소], 울+짖다[우짖다], 딸+님[따님], 불+나비[부나비], 불+삽[부삽], 활+살[화살], 솔+나무(소나무), 바늘+질(바느질)
- 불(不)+ㄷ, ㅈ: 부당, 부동, 부득이, 부정, 부조리, 부주의…

# ■ 우애 많은 [ㄹ]

그렇게 앞장서기를 싫어하고 툭하면 도망만 다니던 [ㄹ]이 신기하게도 동생(?)만 만나면 좁은 방에서 동거를 시작한다. [ㅁ]이 [ㄹ]의 동생이라면 좀 이상한가. 아무튼 전성어미 [ㅁ]이 따라붙으면 도망가지 않고 좁은 받침 방에서 '갈다 → 갊', '대들다 → 대듦', '불다 → 붊', '물다 → 묾', '열다 → 엶', '졸다 → 졺', '드물다 → 드묾', '만들다 → 만듦'처럼 기어이 한살림을 차린다. 용언을 명사형으로 만들어 문장을 종결하는 과정에 참여하는 것이다.

- 농부는 봄이 되면 밭을 갊.
- 오늘은 바람이 많이 붊.
- 개가 사람을 묾.
- 오늘도 수업시간에 선생님 몰래 졺.
- 한글맞춤을 다 알고 글을 쓰는 사람은 드묾.
- 부품을 사다가 직접 손으로 만듦.

그 외에도 큰 소리를 내며 욺(울다), 개가 묾(물다), 서울에서 삶(살다), 머리가 돎(돌다), 밥을 좀 덞(덜다), 바람이 붊(불다), 문제를 풂(풀다), 거만하게 굶(굴다), 다리를 젊(절다), 새가 낢(날다), 밥을 국에 맒(말다), 물건을 팖(팔다), 집을 헒(헐다) 등 많지만 이들처럼 명사형으로 문장을 종결하는 예는 드묾!

서울의 지하철 역사마다 비상시를 대비해 '양압식 공기호흡기 사용법'이란 아주 작은 글씨로 쓰인 안내문이 호흡기 안에 붙어 있다. 세 번째 항목은 '3. 공기호흡기의 공기밸브를 염'이라고 돼 있다. 이제 다시 보면 "아하!"라는 말이 나올 수 있으리라 믿는다. '3. 공기호흡기의 공기밸브를 엶'이라고 해야 맞는 표현이란 걸 직감적으로 알 수 있을 것이다.

# 미간과
# 눈썹 사이

"미간 사이에 주름이 흉하게 잡혔어요!"

## ■ 미간/눈썹 사이

KBS 개그콘서트의 '렛잇비'라는 프로를 보는 교열자의 눈에 걸려든 것이 있다.

미간(眉間)은 양미간(兩眉間)과 같은 말로 '눈썹과 눈썹 사이'라는 뜻이다. 따라서 '미간 사이' 또는 '양미간 사이'는 겹말 표현이므로 '미간, 양미간'이나 '눈썹 사이'로 표현하는 것이 바람직하다. 이처럼 의미가 중첩되는 표현을 '겹말'이라고 한다. 겹말이란 같은 뜻의 말이 겹쳐서 된 말로서 단어가 반복적으로 결합된 '첩어'와는 구분된다.

- 겹말: 고목나무, 미간 사이, 미리 예약, 매년마다, 거의 대부분
- 첩어: 누구누구, 어디어디, 가지가지, 달랑달랑, 깡충깡충

겹말 표현은 문장을 복잡하게 만들어 독자의 가독성을 떨어뜨리는 불필요한 표현이란 것이 중론이다. 하지만 학자에 따라서는 강조 또는 표현의 다양성을 내세워 겹말 표현이 문제되지 않는다는 주장도 있다. 그러나 간결한 문장이 독자의 가독성을 높인다는 주장이 더 설득력을 얻는다. 따라서 웬만하면 겹말 표현을 지양하는 것이 바람직하다.

로맨틱 머슬 출연진들과 스탭들이 포토타임을 갖고 있다. (MBN)
→ 로맨틱 머슬 출연진과 제작진이 포토타임을 진행하고 있다.

교열 작업을 진행하다 보면 '틀렸기에 반드시 고쳐야 하는 오류'가 있는 반면 '반드시 틀린 건 아닌데 고치면 훨씬 돋보이는 어색한 표현'을 맞게 된다. 앞엣것은 반드시 고쳐야 한다. 고치지 않으면 이른바 '교열사고'로 이어진다. 그러나 뒤엣것은 그냥 두어도 '사고'로 이어지지는 않는다. 다만 문장의 품질이 떨어지는 정도는 감수해야 한다.

위에 든 예문에서 '스탭'은 외래어표기법에 위배되므로 '스태프'로 반드시 고쳐야 한다. 고치지 않으면 불량 교열이 된다. 그러나 의미가 중복돼 표현된 '출연진들'이나 번역투로 분류되는 '갖고'는 고치지 않아도 크게 문제가 발생하지는 않지만 고치게 되면 훨씬 자연스러운 문장이 된다.

## ▪ 출연진/출연진들

　출연진의 '-진(陣)'은 '무리' 또는 '집단'이란 복수 의미를 포함하고 있는 접사이다. 그러므로 복수의 의미가 담긴 '출연진'에다 또다시 복수를 의미하는 '-들'이란 접사는 군더더기일 뿐이다. 이런 표현도 '겹말'이다. 피하면 문장이 간결해진다. 취재진들, 보좌진들, 운영진들, 제작진들 등은 모두 겹말 표현이므로 접사 '-들'이 불필요하다.

- 보좌진들 → 보좌진
- 운영진들 → 운영진
- 제작진들 → 제작진
- 출연진들 → 출연진
- 취재진들 → 취재진

## ▪ 대중/대중들

　또 '대중들', '청중들', '관중들'처럼 무리를 뜻하는 '-중(衆)'에 '-들'을 더해 쓰는 사례도 많다.

- 관중들 → 관중
- 군중들 → 군중
- 대중들 → 대중

- 민중들 → 민중

- 언중들 → 언중

- 청중들 → 청중

## ■ 지명이 단음절 한자이면 '강', '산', '호', '섬' 등은 겹쳐 적는다.

- 주장 강(珠江), 창장 강(長江), 황허 강(黃河), 타이산 산(泰山)

- 도시마 섬(利島), 온타케 산(御岳), 하야카와 강(早川)

## ■ 지명에 '산맥', '산', '강' 등의 뜻이 들어 있어도 겹쳐 적는다.

- Rio Grande: 리오그란데 강

- Monte Rosa: 몬테로사 산

- Mont Blanc: 몽블랑 산

- Sierra Madre: 시에라마드레 산맥

아래는 문장에서 많이 쓰이는 겹말 목록이다. 필요한 분 참고하시기
바란다.

## ■ 다양한 겹말

- 가까이 접근하다 → 접근하다
- 간단히 요약하다 → 요약하다
- 감각을 느끼다 → 느끼다
- 갑자기 돌변하다 → 돌변하다/갑자기 변하다
- 거사를 일으키다 → 거사하다
- 거의 대부분 → 거의/대부분
- 결실을 맺다 → 결실을 보다/열매를 맺다
- 계속 이어지다 → 계속되다/이어지다
- 계약을 맺다 → 계약하다
- 공감을 느끼다 → 공감하다
- 공사에 착공하다 → 공사에 들어가다/착공하다
- 공정률 → 공정
- 과반수 이상 → 과반수/반 이상
- 관중들 → 관중
- 국민들 → 국민
- 기간 동안 → 기간/동안
- 남은 여생 → 남은 생애/여생
- 내재해 있다 → 내재했다
- 널리 보급하다 → 보급하다
- 농번기 때는 → 농번기에는

- 뇌리 속 → 뇌리/머릿속
- 다른 대안 → 다른 안/대안
- 대중들 → 대중
- 더불어 같이 살다 → 더불어 살다/같이 살다
- 도마 위에 오르다 → 도마에 오르다
- 도시 주변의 근교 → 근교/도시 주변
- 들리는 소문 → 소문/들리는 말
- 따뜻한 온정 → 따뜻한 정/온정
- 뜨거운 열기 → 뜨거운 기운/열기
- 맡은 임무 → 맡은 일/임무
- 매 2년마다 → 매 2년/2년마다
- 먼저 선수 치다 → 선수 치다
- 먼저 전제하다 → 먼저 제시하다/전제하다
- 면학에 힘쓰다 → 면학하다/학문에 힘쓰다
- 미간 사이 → 미간/눈썹 사이
- 미리 예습하다 → 미리 학습하다/예습하다
- 미리 예약하다 → 미리 약속하다/예약하다
- 박수를 치다 → 박수하다/손뼉 치다
- 방치해 두다 → 방치하다/내버려 두다
- 복병이 숨어 있다 → 복병이 있다/군사가 숨어 있다
- 부상을 입다 → 부상하다/상처를 입다
- 부채를 지다 → 부채가 있다/빚을 지다

- 분명히 명시하다 → 분명하게 보이다/명시하다
- 비명소리 → 비명/외마디 소리
- 빈 공간 → 빈 곳/공간
- 빌린 차관 → 빌린 자금/차관
- 사나운 맹견 → 사나운 개/맹견
- 사정거리 → 사정/사거리
- 산재해 있는 → 산재한/흩어져 있는
- 산채나물 → 산채/산나물
- 생일날 → 생일
- 서로 상관하다 → 서로 관련을 가지다/상관하다
- 서로 상의하다 → 서로 의논하다/상의하다
- 서로 상통하다 → 서로 통하다/상통하다
- 수령받다 → 수령하다/받다
- 수여받다 → 수여하다/받다
- 스스로 자각하다 → 스스로 느끼다/자각하다
- 시끄러운 소음 → 시끄러운 소리/소음
- 시범을 보이다 → 시범하다/모범을 보이다
- 쓰이는 용도 → 쓰이는 곳/용도
- 약 1억 원 정도 → 약 1억 원/1억 원 정도
- 약 10여 분 → 약 10분/10여 분
- 어려운 난관 → 어려운 고비/난관
- 오랜 숙원 → 오랜 소원/숙원

- 우방국 → 우방
- 유언을 남기다 → 유언하다/유서를 남기다
- 이들 단체들은 → 이 단체들은/이들 단체는
- 인기척 소리 → 인기척
- 인수 받다 → 인수하다/건네받다
- 자매결연 맺다 → 자매결연하다/친선관계 맺다
- 잘 알려진 일화 → 잘 알려진 이야기/일화
- 접수 받다 → 접수하다/신청 받다
- 지분율 → 지분
- 진앙지 → 진앙
- 코스피지수 → 코스피
- 판이하게 다르다 → 판이하다/아주 다르다
- 푸른 창공 → 푸른 하늘/창공
- 피해를 입다 → 피해를 보다
- 하얀 백발 → 하얀 머리/백발
- 함께 공존하다 → 함께 존재하다/공존하다
- 함께 동행하다 → 함께 가다/동행하다
- 해안가 → 해안/바닷가
- 허송세월 보내다 → 허송세월하다/세월만 헛되이 보내다
- 현안문제 → 현안/걸린 문제
- 회람 돌리다 → 회람하다/돌려 보다
- 회의를 품다 → 회의하다/의심을 품다

# 받침 미음(ㅁ)의
# 두 얼굴

'가물다'의 어원을 용비어천가와 월인석보에서 찾으면 'ㄱ믈다'이다.

- 싀미 기픈 므른 ㄱ무래 아니 그츨씨(용비어천가)
- ㄱ무라 비 아니오는 싸히 잇거든(월인석보)

용비어천가에 나오는 'ㄱ무래', 월인석보에 나오는 'ㄱ무라'에서 'ㄱ'와 'ㅁ'는 모두 '해'의 뜻을 지닌다고 한다. 따라서 'ㄱ믈'은 이음동의어로서 비가 오지 않고 해만 거듭 쬐는 것을 가리킨다. 이 'ㄱ믈'을 '가물'의 어원으로 삼는다(서정범, '국어어원사전').

　　　　　　　　　　　　　　교열기자의 오답노트

# ■ 받침 'ㅁ'의 두 얼굴

동사 '가물다'가 명사로 쓰일 때는 '가물'과 '가뭄' 두 가지로 쓰인다. 여기서 '가물'은 어원 'ㄱᆞ물'에서 나온 말이며 '가뭄'은 가물다의 어간 '가물-'에 접사 '-ㅁ'이 붙으면서 'ㄹ'이 탈락되고 이뤄진 말이다. 둘 다 표준어로 쓰인다.

그런데 '-ㅁ'이 어미로 쓰여 'ㄹ' 받침이 있는 어간에 붙으면 'ㄹ'이 탈락하지 않고 명사형 '가묾'이 된다. 가묾은 가뭄처럼 명사가 아니라 명사 구실을 하는 '명사형'이다. 명사와 명사형의 쓰임은 같지 않다. 명사형은 주로 문장 종결에서 쓰인다.

- 지난해는 가뭄이 들지 않았지만 올해는 많이 가묾.

'가뭄'은 명사이지만 '가묾'은 명사 구실을 하는 명사형이다. '살다'의 명사와 명사형을 살펴보면 구분이 쉬울 수도 있다. '살다'의 명사와 명사형은 '삶'으로, 모양은 같으나 쓰임은 다르다.

- 내 삶의 터전은 한국이다. (삶: 명사)
- 그는 태어나서 한국에서 삶. (삶: 명사형)

한 가지 예를 더 들면

- 울음은 문제를 해결하는 방법이기도 하다. (울음: 명사)

- 문제 해결의 한 가지 방법은 울음이다. (울음: 명사)

- 그녀는 문제를 해결하려고 할 때마다 욺. (욺: 명사형)


받침 'ㅁ'은 두 얼굴로 나타난다. 접사와 어미이다. 접사 '-ㅁ'은 명사를, 어미 '-ㅁ'은 명사 구실을 하는 명사형을 만든다. 명사형을 만드는 어미를 따로 전성어미(轉成語尾)라고 부른다. 전성어미는 용언의 어간에 붙어 다른 기능을 하는 품사로 바꿔 주는 역할을 하는데 명사 전성어미, 관형사 전성어미, 부사 전성어미 등 세 가지가 있다.

## ■ 한 걸음 더….

1. 어간에 접사가 붙으면 명사가 된다.

ㄱ. 어간에 받침이 없거나 'ㄹ'이면 접사 '-ㅁ'이 붙어 명사가 된다.

- 꾸다: 꾸+ㅁ=꿈 (꿈이 현실이 되다.)

- 살다: 살+ㅁ=삶 (이곳은 행복한 삶의 현장이다.)

- 추다: 추+ㅁ=춤 (춤이라도 추고 싶을 만큼 기쁘다.)

- 기쁘다: 기쁘+ㅁ=기쁨 (기쁨을 나누면 배가 된다.)

- 슬프다: 슬프+ㅁ=슬픔 (슬픔을 나누면 반이 된다.)

ㄴ. 받침 있는('ㄹ' 제외) 어간에는 접사 '-음'이 붙어 명사가 된다.

- 믿다: 믿+음=믿음 (그는 믿음이 강한 사람이다.)
- 죽다: 죽+음=죽음 (죽음을 눈앞에 둔 사람.)
- 웃다: 웃+음=웃음 (웃음은 만병통치약이다.)
- 걷다: 걷+음=걸음 (미래를 향한 걸음은 계속된다.)

2. 어간에 어미가 붙으면 명사 구실을 하는 명사형이 된다.

ㄱ. 어간에 받침이 없거나 'ㄹ'이면 어미 '-ㅁ'이 붙어 명사형이 된다.

- 가다: 가+ㅁ=감 (내일 제주도에 감.)
- 사다: 사+ㅁ=삼 (슈퍼마켓에서 초콜릿을 삼.)
- 갈다: 갈+ㅁ=갊 (농부가 밭을 갊.)
- 날다: 날+ㅁ=낢 (새가 물 위를 낢.)
- 대들다: 대들+ㅁ=대듦 (그는 가끔 윗사람에게 대듦.)
- 말다: 말+ㅁ=맒 (국에 밥을 맒.)
- 멀다: 멀+ㅁ=멂 (이곳보다 저곳이 훨씬 멂.)
- 벌다: 벌+ㅁ=벎 (돈을 많이 벎.)
- 살다: 살+ㅁ=삶 (올해부터 미국에서 삶.)
- 열다: 열+ㅁ=엶 (창문을 엶.)
- 졸다: 졸+ㅁ=졺 (수업시간에 졺.)

- 팔다: 팔+ㅁ=팖 (쓰던 물건을 내다 팖.)

ㄴ. 받침 있는('ㄹ' 제외) 어간에 '-음'이 붙으면 명사형이 된다.

- 먹다: 먹+음=먹음 (점심을 먹음.)
- 죽다: 죽+음=죽음 (수를 다하고 죽음.)
- 접다: 접+음=접음 (장사를 접음.)
- 웃다: 웃+음=웃음 (나를 보고 웃음.)

ㄷ. 어간에(받침 유무와 관계없이) 어미 '-기'가 붙어도 명사형이 된다.

- 먹다: 먹+기=먹기 (밥을 먹기 싫다.)
- 많다: 많+기=많기 (사람이 많기도 하다.)
- 배우다: 배우+기=배우기 (한글은 배우기가 쉽다.)
- 그치다: 그치+기=그치기 (비가 그치기를 기다리고 있다.)
- 울다: 울+기=울기 (딸은 엄마의 손을 잡고 울기 시작했다.)
- 벌다: 벌+기=벌기 (모두가 돈을 벌기 시작했다.)
- 골다: 골+기=골기 (눈만 붙이면 코를 골기 시작한다.)
- 곯다: 곯+기=곯기 (배를 곯기 싫어서 억지로 먹었다.)
- 오다: 오+기=오기 (추위가 오기 전에 김장을 담가야겠다.)
- 희다: 희+기=희기 (그녀의 피부는 희기가 백옥 같다.)

# **부엌**, 정주간, **주방**

'부엌'은 '녘'과 함께 받침이 'ㄱ'과 'ㅋ'을 넘나들며 표준어로 굳어진 말이다. 부엌은 1979년에 '부억'으로 되었다가 1984년에 '부엌'으로 환원됐다. 그러다 1987년에 다시 '부억'으로 돌아갔다가 같은 해 '부엌'으로 돌아와 표준어로 자리를 지키고 있다(국립국어원 표준어규정 해설).

원래 부엌은 불을 때는 아궁이를 가리키는 말이었는데 요즘은 '음식을 만드는 곳 전체'를 가리키는 주방(廚房)의 의미로 쓰인다. 실제 경상도 지방에선 지금도 아궁이를 '부석'(부엌) 또는 '부석아구리'(부엌아궁이)로, 주방의 의미로는 '정지' 또는 '정짓간'으로 구분해 쓰고 있다.

부엌은 '브섭', '브석', '브섭', '붓'에서 변화된 말인데 '브섭'은 '붓+업'의 형태로, '붓'이 부엌의 뜻을 지닌 어근으로 본다. '붓'의 어원은 '블(火)'일 것으로 추측한다(서정범).

부엌의 방언으로 분류된 '정지' 또는 '정짓간'은 표준국어대사전에 방언으로 올라 있다. 표준국어대사전에서 부엌의 방언을 모두 찾아보았다. '정지' 또는 이와 유사한 표현은 강원, 경상, 전라, 충북, 제주 등에서 사용되는 것으로 나타난다. 참고로 '붴'은 부엌의 준말로, 표준어다.

- 북(서울경기)
- 부워(강원)
- 베역, 벽(황해)
- 부석, 정지(충청)
- 정지(전라)
- 부삽, 부석, 부식, 부싴, 정기, 정지, 정짓간(경상)
- 벽, 정제깐(평안)
- 버깨, 부수깨(함경)
- 정지, 정제(제주)

한편 '정지' 또는 '정짓간'은 '정주(鼎廚)' 또는 '정주간(鼎廚間)'에서 온 말이라고 한다(한국언어지도). 정주나 정주간은 함경도 지방에서 많이 볼 수 있는 것으로 부엌과 안방 사이에 벽이 없이 부뚜막에 방바닥을 잇달아 꾸민 부엌을 가리킨다.

그렇다면 '부엌'의 방언은 '부엌' 관련 방언과 '정주' 관련 방언으로 나눠서 이해할 수 있다. 부엌 관련 방언은 북, 부워, 베역, 벽, 부석, 부삽, 부석, 버깨, 부수깨 등이고 정주 관련 방언은 정지, 정기, 정제, 정짓간,

정제깐 등인 것으로 알 수 있다.

문제는 현대 주택 환경이 '정지(정주)'도, '부엌'도 멀리 몰아내고 있다. 그 자리에 주방(廚房)이 자리 잡은 지 이미 오래다. 주방엔 아궁이도 부뚜막도 없다. 부뚜막 대신에 조리대와 개수대(싱크대)가 있고 아궁이 대신 국어사전에는 없는 말이지만 가열대가 자리 잡고 있다. 머지않아 부엌이나 아궁이를 민속촌에서만 볼 수 있을지도 모르겠다.

# 비문의 주범
## '전망이다'

검찰과 경찰에서 앞으로 상습 음주운전자의 차량을 몰수하는 방안이 발표됐다. 이를 보도한 연합뉴스의 기사를 웹사이트에서 읽어 가다 흔히 언론 기사에서 단골로 등장하는 비문법 문장을 하나 발견했다. 바로 이런 문장이다.

'검찰과 경찰이 24일 발표한 상습 음주운전자의 차량몰수 추진 방안은 음주운전에 비교적 관대했던 사회적 인식을 획기적으로 바꾸는 효과를 가져 올 전망이다.'

교열기자의 오답노트

# ▌ 전망이다

위 문장은 확실히 비문이다. 문장 성분을 아무리 살펴봐도 서술어 '전망이다'의 주어가 없다. 숨은 주어도 찾을 수 없다. 이런 비문법 문장은 언론 기사나 칼럼 등에서 수도 없이 발견된다. 아래 문장을 주어와 술어 호응 관계를 염두에 두고 하나씩 읽어보자.

ㄱ. ? 올해는 경기가 계속 좋아질 전망이다.

ㄴ. ? 올해는 경기가 계속 좋아진다는 전망이다.

ㄷ. 올해는 경기가 계속 좋아질 것으로 전망된다.

ㄹ. 올해는 경기가 계속 좋아질 것으로 보인다.

ㅁ. 올해는 경기가 계속 좋아질 것이라는 전망이 나왔다.

위 5개 문장에서 'ㄱ'과 'ㄴ'이 앞에서 지적한 비문법 문장 사례로 볼 수 있다. 이 두 문장은 'ㄷ, ㄹ, ㅁ'처럼 주어와 서술어가 서로 호응이 되는 문장으로 반드시 바꿔 써야 한다.

'ㄷ' → 올해는(주어) 경기가 계속 좋을 것으로(필수부사어) 전망된다(서술어).

'ㄹ' → 올해는(주어) 경기가 계속 좋을 것으로(필수부사어) 보인다(서술어).

'ㅁ' → 올해는 경기가 계속 좋으리라는(관형어) 전망이(주어) 나왔다(서술어).

## ▮ 후문이다

이 기사에 포함된 다른 문장에서도 이와 같은 유형의 비문법 표현이 발견된다.

'이번에 검찰과 경찰이 서민 생활에 큰 피해를 주는 음주운전 교통사고 근절을 위해 적극 공조를 하게 된 배경에는 김수남 검찰총장과 강신명 경찰청장의 개인적인 친분도 <u>작용했다는 후문이다.</u>'

이 문장 역시 서술어 '후문이다'에 어울리는 주어가 없다. '~적용했다는 후문이 나온다' 정도로 고쳐 주어와 서술어가 호응이 이루어지도록 해야 바른 문장이 된다. 이처럼 문장을 작성할 때는 주어와 서술어의 호응에 신경 써야 한다. 특히 '~ㄴ/ㄹ ~이다'처럼 관형어가 서술어를 수식하는 형식이 보이면 주의 깊게 살펴야 비문을 피할 수 있다.

## ▮ 비문의 대안

이런 형식의 비문을 몇 가지 예문으로 들고 수정 대안을 덧붙인다. 두 문장씩 비교하면서 읽어보라.

- 최종 결정은 하반기에 <u>이뤄질 전망이다.</u>
- 최종 결정은 하반기에 <u>이뤄질 것으로 보인다.</u>

- 올해 안에 100% <u>달성한다는 목표</u>다.
- 올해 안에 100% <u>달성한다는 목표를 정했</u>다.


- 이 목표치는 내년에나 <u>달성할 예상</u>이다.
- 이 목표치는 내년에나 <u>달성할 것으로 예상된</u>다.


- 회사 경영진은 내달부터 온라인 몰을 <u>운영한다는 계획</u>이다.
- 회사 경영진은 내달부터 온라인 몰을 <u>운영한다는 계획을 세웠</u>다.


앞으로는 언론 기사에서 '~ㄹ 전망이다' 같은 형식의 비문이 다시는 애독자의 눈에 발견되지 않기를 바라는 마음 간절하다. 그래야 기사의 격이 보전된다.

# 비쳐지다와
# 빗겨지다

유튜브에는 그리스에서 전깃줄에 뿔이 걸려 매달린 염소를 구하는 영상이 공개됐다. 사연은 이랬다. 산꼭대기에서 풀을 뜯고 다니던 염소의 꼬부라진 뿔이 그만 낮게 깔린 전선에 걸리면서 염소는 마치 케이블카처럼 산 아래로 하강하다가 계곡에서 높이 대롱대롱 매달려 있었다. 다행히 마을 사람들에게 발견돼 무사히 구조됐다.

이 영상을 소개하는 글에서 오류가 발견돼 옮겨왔다.

잠시 뒤, 한 남성이 산비탈에 <u>놓여진</u> 사다리를 타고 올라가 염소 뒷다리에 줄을 묶습니다. (서울TV)

기사에서 가져온 아래 문장에는 통상 이중피동 또는 겹피동으로 불리는 오류가 눈에 띈다. 바로 '놓여진'이란 표현이다. '놓여진'은 '놓인'으로 고쳐 써야 한다. '놓여지다'가 이중피동 표현이기 때문에 '놓이다'처럼 단순피동으로 써야 바람직한 표현이다.

## ▌이중피동문은 비문

피동형은 어간에 접미사 '-이', '-히', '-리', '-기'나 '-되다'가 붙거나 보조동사 '-어지다'가 붙어서 '주어가 어떤 동작의 대상이 되어 그 작용을 받는 형태'를 가리킨다. 그런데 '놓여지다'처럼 피동형을 나타내는 접미사 '-이'에다 역시 피동형을 나타내는 보조동사 '-어지다'가 같이 쓰이게 되면 이중피동 표현이 된다. 역시 '사용되어지다'처럼 피동형을 나타내는 접미사 '-되다'에 보조동사 '-어지다'가 결합돼도 이중피동 표현이라 할 수 있다. 글을 교열하다 보면 이중피동 표현이 종종 발견된다. 따라서 이중피동형으로 서술된 문장도 엄연히 비문으로 분류된다.

## ▌이, 히, 리, 기, 우, 구, 추

학교 다닐 때 국어시간에 누구나 한 번쯤은 들어봤을 접미사 7가지. '이, 히, 리, 기, 우, 구, 추.' 굳이 문법 용어를 빌리면 '이, 히, 리, 기' 4가지를 '피동 형성 접미사'라 하고 '이, 히, 리, 기, 우, 구, 추' 7가지는 '사동 형성 접미사'라고 한다.

그런데 학자에 따라서는 이들 접사가 '깎+이+다'처럼 어간(깎-)과 종결어미 '-다' 사이에 놓인다 해서 '접요사(接腰辭)' 또는 '접중사(接中辭)'

로 보기도 하지만 학교문법에서는 이를 인정하지 않는다.

## ■ 사동형 문장에는 목적어가 있다

"피동형인지 사동형인지 쉽게 구분하는 방법은 없을까요?"

강의실에서 자주 받는 질문이다. 문장에서 의미에 따라 피동형과 사동형이 구분되긴 하지만 쉽게 구분하는 방법이 있다. 문장을 보고 피동형 문장인지 사동형 문장인지 구별하기 어렵다면 목적어가 있는지 찾아보라. 사동형 문장에는 반드시 목적어가 있다.

- 그녀의 눈에 눈물이 <u>맺혔다</u>.(맺히다: 피동형)
- 그녀는 내 앞에서 눈물을 <u>보였다</u>.(보이다: 사동형)

'맺다'에 접미사 '-히'가 결합하면 '맺히다'라는 피동형 표현이 된다. '맺히다'라는 서술어에는 주어(눈물이)와 필수부사어(그녀의 눈에)가 어울린다. 목적어가 필요하지 않다. 그러나 '보다'에 접미사 '-이'가 결합하면 '보이다'라는 사동형 표현이 된다. 물론 서술어 '보이다'에는 주어(~이/가)에다 목적어(~을/를)가 필요하고….

그런데 '보이다'는 문장 구성에 따라 피동형, 사동형 모두 서술이 가능하다. 제시한 예문으로 판단할 수 있을 것이다.

- 안대를 벗기자 그의 얼굴이 희미하게 <u>보였다</u>.(보이다: 피동형)

- 그녀는 내 앞에서 눈물을 <u>보였다</u>.(보이다: 사동형)

## ▌사동형 피동문 ≠ 이중 피동문

'이, 히, 리, 기'+'~어지다' 형태의 표현이 모두 이중 피동문을 형성하는 것은 아니다. 아래 예에서 보여주는 사동 형성 접미사(이, 히, 리, 기, 우, 구, 추)에 피동 표현 보조동사 '-어지다'가 결합된 것은 이중피동이 아니란 것이다. 사동형 피동문이라고 해야 옳다. 이중 피동문과 달리 이런 표현이 포함된 문장은 비문이라 볼 수 없다.

- 안대를 벗기자 그의 얼굴이 희미하게 <u>보였다</u>.(보이다: 피동문)
- 안대를 벗기자 그의 얼굴이 희미하게 <u>보여졌다</u>.(보여지다: 이중 피동문)
- 안대를 <u>벗기자</u> 그의 얼굴이 희미하게 보였다.(벗기다: 사동문)
- 안대가 <u>벗겨지자</u> 그의 얼굴이 희미하게 보였다.(벗겨지다: 사동형 피동문)

'벗다'의 어간 '벗-'과 접미사 '-기'가 결합되면 '벗기다'라는 사동 표현이 된다. 사동사 '벗기다'의 어간 '벗기-'에 피동을 나타내는 보조동사 '-어지다'가 붙으면 '사동형 피동문'이 된다. 비문은 아니지만 그리 권할 만한 것도 아니다. 우리말에서는 피동 표현이 자연스럽지 않기 때문에 웬만한 피동형 문장은 능동형 문장으로 고쳐 쓰는 것이 바람직하다.

# 사이시옷
# 한통치기

'글을 고치고 다듬는 일도 비용을 받는 만큼 혹독한 대가를 치러야 할 때가 많다. 그럴 때는 스트레스를 많이 받는다. 나로서는 낚시가 스트레스 해소에 제격이다. 나는 가끔 견지낚시 채비를 꾸려 아들과 함께 여울이 있는 낚시터로 떠난다. 들깻묵 뿌려 둔 여울에서 견지낚시 던져 놓고 흐르는 물에 스트레스를 띄워 보내는 퍼포먼스(?)를 하는 것이다.

낚싯줄을 풀어 주고 당기고, 풀어 주고 당기고…. 두세 시간을 그렇게 보낸다. 그러다 운이 좋은 날은 그 조그만 낚싯바늘에 무려 60cm가 넘는 대형 누치가 걸리기도 한다. 낚싯대가 춤을 추기 시작하면 낚싯줄은 끊어질 듯 팽팽해지고 피아노 소리 같은 울림이 손으로 전해진다. 낚싯대를 접은 뒤 아들과 함께하는 순댓국 뒤풀이 재미는 피로를 잊게 만든다. 횟수가 잦진 않지만 한 달에 한두 번은 출조(出釣)하는 셈이다.'

윗글에는 사이시옷과 관련 있는 낱말이 많이 포함됐다.

교열기자의 오답노트

- 대가(代價): 한자어로만 결합된 단어에는 사이시옷을 적지 않는다.

- 낚시터: 센말(터) 앞에는 사이시옷 안 쓴다.

- 들깻묵: 'ㅁ' 앞에서 'ㄴ' 발음이 덧나면 사이시옷을 적는다.

- 낚싯줄: '줄'이 '쭐'로 된소리가 나므로 사이시옷을 적는다.

- 낚싯바늘: '바'가 '빠'로 된소리가 나므로 사이시옷을 적는다.

- 낚싯대: '대'가 '때'로 된소리가 나므로 사이시옷을 적는다.

- 순댓국: '국'이 '꾹'으로 된소리가 나므로 사이시옷을 적는다.

- 뒤풀이: 센말(풀) 앞에는 사이시옷 안 쓴다.

- 횟수(回數): 한자어로만 결합된 말이지만 예외로서 사이시옷을 적는다.


띄어쓰기 못지않게 사이시옷도 한글맞춤법에서 만만찮은 규칙이다. 사이시옷을 넣는 조건은 '순우리말이 섞인 복합어의 발음'이다. 규칙은 간단하다. 뒷말의 첫소리가 '된소리'로 나거나 앞말의 받침에서 'ㄴ'이 덧나는 경우에 적는다.


## ■ 낚싯대/들깻묵


'낚시+대'는 발음이 [낙씨때] 또는 [낙씬때]로, 뒷말의 첫소리가 된소리로 나므로 사이시옷을 적는다. '낚싯바늘', '시곗바늘', '주삿바늘', '혓바늘'도 마찬가지로 [--빠늘]로 발음되기 때문에 사이시옷을 넣는다.


- 낚싯대, 낚싯돌, 낚싯바늘, 낚싯밥(미끼), 낚싯배, 낚싯봉, 낚싯줄

또 뒷말의 첫소리 'ㄴ, ㅁ' 앞에서 'ㄴ' 소리가 덧나거나 뒷말의 첫소리 모음 앞에서 'ㄴㄴ' 소리가 덧날 때는 사이시옷을 넣는다. 복잡하게 생각할 것 없다. 아무튼 받침에 'ㄴ' 소리가 덧날 때 사이시옷을 넣으면 된다.

- 콧물[콘-], 아랫니[-랜-], 뒷머리[된--], 잇몸[인-], 뒷일[된닐], 깻잎[깬닙]

## 대가/횟수

'초점(焦點)', '대가(代價)'처럼 한자어끼리 결합하면 뒷말 초음이 된소리로 변하거나 앞말 받침이 'ㄴ'으로 변해도 사이시옷을 넣지 않는다.

- 초점[초쩜], 대가[대까], 화병[화뼝], 내과[내꽈], 외과[외꽈], 치과[치꽈]

단, 다음에 적은 6가지만은 예외로 취급한다. 첫 글자를 모아 '세차횟수퇴고'로 알고 있으면 기억하기 쉬울 것이다.

- 셋방(貰房), 찻간(車間), 횟수(回數), 숫자(數字), 툇간(退間), 곳간(庫間)

## 낚시질/낚시터

낚시와 관련 있는 아래 단어는 굳이 사이시옷을 넣을 만한 근거가 없다. 그래서 사이시옷을 넣지 않고 쓰면 된다.

- 낚시걸이, 낚시눈, 낚시도래, 낚시인, 낚시질, 낚시회

또 '뒤태', '뒤풀이', '뒤통수', '뒤땅', '뒤뜰'처럼 뒷말에 센말이 붙으면 사이시옷을 넣지 않는다. 센말이란 거센소리(격음)와 된소리(경음)를 아우르는 말이다. 아래 적은 말들도 같은 원리가 적용된다.

- 낚시찌, 낚시코, 낚시터, 낚시꾼, 낚시채비

## ■ 해콩/햇감자/햅쌀

명사 앞에 붙어 '그해에 난'이란 의미를 더하는 접두사 '해-'가 이어지는 명사의 초음에 따라 '햇-'이나 '햅-'으로 바뀌기도 한다. 콩이 따르면 '해콩', 감자가 따르면 '햇감자', 쌀이 따르면 '햅쌀'이 된다. '해콩'은 뒷말의 첫소리가 이미 거센소리 'ㅋ'으로 돼 있기 때문에 사이시옷이 필요 없으며 '햇감자'는 '해깜자'로 발음이 변하기 때문에 사이시옷을 넣는다. '햅쌀'은 '쌀'의 고어가 'ㅄㄹ'로 구성돼 있어서 '해'가 뒷말 초음 'ㅄ'과 결합하면서 'ㅂ'이 앞말 받침으로 적용된 경우다. '좁쌀'도 같은 원리이다.

- 해+콩=해콩
- 해+감자=햇감자
- 해+ㅄㄹ=햅쌀

# ■ 수사자/숫양/수캐

'새끼를 배지 않는'을 뜻하는 접두사 [수-]가 '양', '염소', '쥐' 앞에 붙을 때만 [숫-]처럼 사이시옷을 넣어 적는다. 따라서 '소' 앞에서는 [숫-]이 아니라 [수-]를 붙여 써야 한다. '숫양', '숫염소', '숫쥐'로 적어야 맞다. '숫말', '숫고양이', '숫소로 적으면 틀린다.

행여 헷갈릴 때를 대비해 웬만한 사람은 다 아는 팁을 하나 적는다. 접두사 [숫-]이 붙을 수 있는 단어는 '양념쥐'(양, 염소, 쥐)나 'MSG'밖에 없다는 것. MSG는 화학조미료가 아닌 'Mouse', 'Sheep', 'Goat'의 첫 글자라는 것쯤은 이미 눈치를 챘으리라.

또 한글맞춤법과 표준어규정에는 접두사 [암-]이나 [수-]와 결합하는 뒷말의 초음을 격음으로 적는 경우를 규정하고 있다. 먼저 어원을 살펴보면 '안팎'이 '않+밧'에서, '살코기'가 '숧+고기'에서 온 것처럼 '암캐'도 '않+가히'에서, '수탉'도 '숧+돍'에서 온 것이다. 접두사 [않-], [숧-]처럼 [않-], [숧-]도 받침에 'ㅎ'을 품고 있어 이어지는 자음이 거센소리로 바뀐 것이다.

특히 접두사 [암-]과 [수-]가 붙게 되면 격음으로 변하는 말은 '돼지', '개(강아지)', '닭(병아리)', '당나귀', '돌쩌귀', '기와' 등 8개로 제한하고 있다. 머리글자를 따서 '돼개닭당돌기'로 기억하면 도움이 될 것이다.

• 암퇘지/수퇘지, 암캐/수캐(암캉아지/수캉아지), 암탉/수탉(암평아리/
수평아리) 암탕나귀/수탕나귀, 암톨쩌귀/수톨쩌귀, 암키와/수키와

하지만 위의 8가지 외에 고양이나 곰, 거미, 개미 등은 이 규범에 따르지 않고 '암곰/수곰', '암거미/수거미', '암개미/수개미'로 적으면 된다.

사이시옷 규칙을 '한통쳐서' 정리하면 아래와 같다. 참고로 요즘 유행하는 '퉁치다' 또는 '뚱치다'는 비표준어이다. '한통치다'로 써야 맞는 표현이다.

| 구분 | 사이시옷 ○ | | | 사이시옷 × | | |
|---|---|---|---|---|---|---|
| | 낚싯대 | 들깻묵 | 횟수 | 낚시질 | 대가(代價) | 낚시터 |
| 발음 | [낙씨때]<br>[낙씯때] | [-깬-] | [회쑤]<br>[휃쑤] | [낙씨-] | [대까] | [낙씨-] |
| 근거 | 된소리 | ㄴ | 예외 | × | 漢+漢 | 센말 |

## ▌사이시옷 넣기 연습

| | | | |
|---|---|---|---|
| 배낚시 | | 코웃음 | |
| 배고동 | | 코구멍 | |
| 배노래 | | 코물 | |
| 배일 | | 코마루 | |
| 배꼬리 | | 코털 | |
| 화병(火病) | | 세방(貰房) | |
| 수양 | | 수병아리 | |

# 손이 시려워 꽁,
# 발이 시려워 꽁!

한겨울 혹독한 추위가 연일 이어지면 손발이 시리고 몸이 떨려 나다니기가 쉽지 않다. 그때는 '손이 시려워 꽁, 발이 시려워 꽁'으로 시작하는 "겨울바람"이라는 동요가 생각난다.

이 노래를 맞춤법에 맞게 고쳐서 '손이 시려 꽁, 발이 시려 꽁!'이라 부르면 왠지 노래 맛이 나지 않는다. 아마도 오래전부터 많이들 '시려워'로 불러온 탓이리라. 이 동요는 1977년에 창작됐다. 그때는 지금처럼 한글맞춤법이 제대로 보급돼 정착하지 못했다고 봐진다. 지금의 문화체육관광부에 해당하는 문교부에서 한글맞춤법을 고시한 때가 1988년이었으니 그럴 만도 했을 것 같다.

어쨌든 '시려워'가 바른 표현이 아니란 걸 아는 사람은 다 안다. 몰라서 그렇게 부르는 것은 아니리라 생각한다. 하지만 '시려워'가 바른 표현이 아니라면 왜 잘못인지를 짚고 가려 한다.

먼저 '시려워'가 되려면 기본형이 '시렵다'가 돼야 하는데 우리말에는 '시렵다'라는 형용사는 없다. 그러면 'ㅂ'이 '우'로 변해 '시려-우-어' 구조로 활용되면서 '시려워'가 가능하다. 하지만 '시리다'라는 형용사가 기본형이기에 어간 '시리-'에 어미 '-어'가 첨가되면 '시리어'가 되고 '시리어'는 줄어들어 '시려'가 되는 것이다. 고향이 경상도인 필자가 어릴 때는 '시리다'를 '시렵다'로 썼으며 '시려'를 '시러버'로 쓰곤 했다. 물론 맞춤법과는 거리가 한참 먼 사투리 표현일 뿐이다.

만일 '시리다'를 '시렵다-시려워'로 쓸 수 있다면 같은 예로 '질리다'도 '질렵다-질려워'로, '쓰리다'도 '쓰렵다-쓰려워'로, '결리다'도 '결렵다-결려워'로 써야 하는데 그렇게 쓰면 말이 안 된다는 걸 모르는 사람이 없다. 그래서 '시리다'는 '시려'로 써야 바른 표현이 되는 것이다.

- 시리다→시리어→시려　　・질리다→질리어→질려
- 쓰리다→쓰리어→쓰려　　・결리다→결리어→결려

참고로 우리말에서 끝말이 '-렵다' 구조로 된 형용사는 모두가 부정의 의미를 띠는데 '가렵다', '두렵다', '마렵다', '어렵다' 등 네 가지밖에 없다는 것도 참고로 알아두면 좋을 것이다. 물론 이들 단어의 어간에 어미 '-어'를 첨가하면 '가려워', '두려워', '마려워', '어려워'로 활용된다.

- 가렵다→가려워　　・두렵다→두려워
- 마렵다→마려워　　・어렵다→어려워

# 수도권 지역과
# 동구권 지역

## ■ 수도권 지역

　　오늘 전국이 고기압 영향권에 들어 맑겠습니다만 서울을 비롯한 수도 권 지역은 메마른 날씨가 이어지겠습니다. (연합뉴스TV)

　　'수도권(首都圈)'의 '-권(圈)'은 '범위나 지역'의 뜻을 더하는 접미사이 다. '-권' 뒤에 군이 '영역'이나 '지역'이란 말을 덧붙일 이유가 없다. 접 사 '-권'이 붙은 낱말 뒤에 '영역'이나 '지역'을 붙여 보았다.

　　　•가시권 영역은 → 가시권은
　　　•광역권 지역은 → 광역권은
　　　•금융권 영역은 → 금융권은

　　　　　　　　　　　　　　　　교열기자의 오답노트

- 북국권 지역은 → 북극권은
- 생활권 영역은 → 생활권은
- 성층권 영역은 → 성층권은
- 역세권 지역은 → 역세권은
- 우주권 영역은 → 우주권은
- 지구권 영역은 → 지구권은
- 대기권 영역은 → 대기권은

아무리 반복해 읽어도 지역이나 영역이란 낱말을 붙인 표현은 모두가 어색하다. 그럼에도 유독 '수도권'에만 '지역'을 붙이는 사례가 많다. '수도권'에 붙은 '지역'은 군더더기이며 '수도권 지역'은 겹말 표현이다. 그냥 '수도권'으로만 써도 된다.

## ▎동구권 지역

국내 R&D관리기법 동구권 지역에 전수

'동구권 지역'은 '지역'을 빼고 '동구권'으로만 쓴다고 해도 바람직하지는 않다. 동구권(東歐圈)의 '-구'는 '구라파'를 가리킨다. 구라파(歐羅巴)는 유럽을 한자어로 음역한 것이다. 나라 이름(미국, 중국, 일본, 영국, 태국, 독일, 호주, 인도, 대만)은 관행적으로 한자 음역에 따라 쓰이기는 한다. 그러나 도시나 지역을 지칭할 때는 한자 음역을 거치지 않고 거의 현지음에 따른다. 따라서 '동구권'은 '동유럽'으로 쓰는 것이 바람직하다.

# 수입산 쇠고기를
# 냉장고에 재워?

쇠고기가 수입되면서 '국내산(국산) 쇠고기'의 상대어로 '수입산 쇠고기'란 표현이 언론 보도를 타고 방방곡곡에 퍼졌다. 너도나도 여기저기서 '수입산'이라고 마구 쓰고 있다. 그래서 이런 표현도 어렵지 않게 볼수 있다.

'수입산 쇠고기는 냉장고에 3~5일간 재웠다가 요리하는 게 좋다고 한다.'

## ■ 수입산(?) 쇠고기

여기에 쓰인 '수입산'의 '-산(産)'은 '미국산 쇠고기', '1900년산 포도주'처럼 '지역 또는 연도를 나타내는 말' 뒤에만 붙는 접미사이다. '수입'은 지역도 연도도 아니므로 접미사 '-산'을 붙여 쓸 수 없는 말이다. 따라

교열기자의 오답노트

서 '수입 쇠고기' 또는 '외국산 쇠고기'로 적어야 한다.

수입산 쇠고기 → 수입 쇠고기, 외국산 쇠고기

## ▋쇠고기를 재우다(?)

'수입 쇠고기는 냉장고에 3~5일간 재웠다가 요리하는 게 좋다고 한다.'

예문에서 쓰인 '재우다'는 '자다'의 사동사로 쓰이는 말이지만 여기서는 '재다'의 본말(원말)이다. 우리말에서는 딱히 비표준어로 분류되지는 않았음에도 표준어 구실을 못하는 애매한 말들이 있는데 바로 북한어, 방언, 전 용어, 본말 등이다.

여기에서 말하는 본말은 '준말'의 본말이 아니라 '변한말'의 본말을 뜻한다. 이들 말은 공식 표준 표현에서는 제외된다. 가령 '썰매'의 본말은 '설마(雪馬)'이고 '양재기'의 본말은 '양자기(洋瓷器)'이며 '해장국'의 본말은 '해정(解酲)국'이다. '설마'나 '양자기', '해정국'을 표준어처럼 쓰이지 않는다. 물론 '해태'의 본말이 '해치(獬豸)'임에도 서울시에서는 '해태'가 아닌 '해치'를 상징물 이름으로 정하긴 했지만….

아무튼 '고기를 재우다'는 '고기를 재다' 또는 '고기를 쟁이다'로 적어야 바른 표현이 된다. '쟁이다'도 '재다'와 같은 뜻으로 쓰이는 표준말이다.

・고기를 냉장고에 재우다.(×)

・고기를 냉장고에 재다.(○)

・고기를 냉장고에 쟁이다.(○)

# 시(C), 아르(R),
# 브이(V), 제트(Z)

저녁식사 후 늦은 시간에 현금이 좀 필요해서 은행에 들렀다. 현금자동입출금기(ATM: Automated Teller Machine) 방의 문을 막 여는 순간 키가 훤칠한 외국인이 서서 뭔가 말을 건네려는 듯 보여 몸을 그에게로 돌렸다. 희끗하게 자란 구레나룻이 넓적한 얼굴을 받치고 있는 모습에 단번에 인도인임을 알아챘다. 다짜고짜 영어로 좀 도와 달란다.

"Please, can you help me?"

뭔 말인지 알아들었으니 대답은 해야 할 것 같았다. 그냥 생각나는 문장을 날렸다.

"Sure! What can I do for you?"

그가 갑자기 나를 감싸 안으며 큰 소리로 말했다.


"You are just the seventeenth!"


이게 무슨 말? 되물었다. 내가 왜 17번째냐고….

들어오는 사람마다 도움 좀 받으려고 말을 걸어도 그냥 나가 버리더라는 것이다. 무려 열여섯이나…. 그때 열일곱 번째 사람이 말을 받아 줬으니 얼마나 반가웠겠나.

그는 마감 시간 전에 이 은행에 들러 볼일 좀 보고 지하철을 탔는데 내릴 때서야 가방 두 개를 은행에 두고 온 사실을 알아차렸다고 했다. 되돌아 와서 보니 이미 은행 문은 굳게 닫혔고 방법을 찾을 수 없어 현지인에게 도움을 청하려고 그 코너에 들어오는 사람에게 말을 걸게 됐다고 한다.

그 가방에는 당시 김대중 대통령 부인 이희호 여사를 만나 받은 책과 서점에서 산 책이 가득 들어 있어 꼭 찾아야 한다고 했다. '내가 꼭 찾아 주겠으니 걱정하지 말'고 안심시켰다. 비상전화 수화기를 들고 사정을 얘기했더니 일단 이층에 올라가서 기다리라고 했다. 전화하는 동안 그는 등 뒤에서 연방 "댕큐"만 여러 번 반복했다. 그와 함께 2층에 올라갔더니 이미 직원이 가방 두 개를 들고 기다리고 있었다.

그제야 얼굴에 화색이 돈 그는 명함을 내밀었다. 유엔이피(UNEP) 파리지부 대표인 라옌드라 셴데(Rajendra Shende) 씨였다. 그는 세계적인 오존층 전문가였음이 인터넷 검색으로 확인됐다. 그는 우리 가족을 파리로 초대하는 것으로 보답하겠다는 말을 남기고 떠났다. 그날 "땡큐"를 태어나서 가장 많이 들었던 것으로 기억된다.

셴데 씨가 근무했던 '유엔환경계획(United Nations Environmental Program)'의 영어 머리글자(initial) 'UNEP'를 한글로 '유엔이피'로 적고 그렇게 부른다. 그러나 '유엔아동기금(United Nations International Children's Emergency Fund)'의 머리글자 'UNICEF'는 '유엔아이시이에프'로 적지 않고 '유니세프'로 적고 또 그렇게 읽는다.

유니세프처럼 단어로 간주해 읽지 않고 유엔이피처럼 머리글자로 읽을 때 표기에 유의해야 할 경우가 있다. 바로 영어 알파벳의 18번째 글자인 'R'이다. 이 자음이 끝에 오는 경우는 조사 쓰임에 유의해야 한다. 왜냐하면 이 글자의 바른 표기는 '알'이 아니라 '아르'이기 때문이다. 받침 유무에 따라 격조사가 달라지니까. 예를 들면 '가상현실'을 가리키는 'Virtual Reality'의 머리글자 'VR'에는 주격조사로 '이'가 아니라 '가'가 붙으므로 'VR가'(브이아르가)라고 적어야 한다. 'VR이'(브이알이)라고 적으면 안 된다. 목적격조사가 붙을 때도 'VR을'(브이알을)이 아니라 'VR를'(브이아르를)로 적어야 맞는 표기이다. SMS에서 통용되는 영어 작별인사 'later(다음에 봐요)!'의 약어 'L8R'에 붙는 격조사도 '-아르'에 따라야 한다.

'L8R'은 SMS에서 쓰이는 'later'의 약어이다. (×)
'L8R'는 SMS에서 쓰이는 'later'의 약어이다. (○)

필자의 교열 경험에 따르면 집필자 대부분이 '알'로 발음하고 있었다. 참고로 'C'는 '씨'가 아니라 '시'이고 'V'는 '뷔'가 아니라 '브이'이며 'Z'는 '지'가 아니라 '제트'로 적는다.

# 시간,
# 동안 표현

시간의 흐름에 따라 일정 기간이나 동안, 전과 후 또는 진행을 나타내는 표현 가운데 띄어쓰기가 헷갈려 혼란스러울 때가 많다. 그 가운데 몇 가지만 추려 예문과 함께 올려 본다.

## ▌동안/중(中)

원래 '동안'은 '어느 한때에서 다른 한때까지 시간의 길이'를 나타내는 명사로서 '한∨해∨동안'처럼 선행어와 띄어 쓰는 게 옳다. 다만 '그동안', '오랫동안', '한동안'은 복합어이므로 붙여 쓴다. '오랫동안'을 '오랜동안'으로 잘못 쓰는 경우도 가끔 발견된다. 또 '~ 기간 동안'이란 표현은 의미가 중복 표현되는 겹말이므로 삼가는 게 좋다.

- 그동안 독서하면서 지냈다.

- 그와 연락이 닿지 않아 오랫동안 소식을 모르고 지냈다.

- 한동안 그가 많이 그리울 것 같다.

- 방학 기간 동안에 해야 할 숙제가 너무 많다.(겹말 표현)

- 방학 기간에/동안에 해야 할 숙제가 너무 많다.

'동안' 또는 '진행'의 의미가 있는 '중(中)'은 의존명사이므로 띄어 써야 한다. '연중(年中)'이나 '월중(月中)', '주중(週中)', '밤중(-中)' 외에는 복합어로는 거의 쓰이지 않는다. 따라서 '공사∨중', '근무∨중', '수업∨중', '회의∨중', '식사∨중'처럼 모두 띄어 써야 한다.

- 우리나라에서 법정 공휴일은 연중 며칠이나 될까?

- 무슨 일이 그렇게 많아서 밤중에도 일을 하니?

- 저길 봐! '공사∨중'이라고 쓰여 있잖아.

- 근무∨중 이상 무!

- 지금은 회의∨중입니다. 나중에 연락드리겠습니다.

- 지금은 수업∨중입니다. 나중에 연락드리겠습니다.

## ▌부터/까지

'부터'와 '까지'는 보조사이므로 무조건 선행어에 붙여 써야 한다.

- 오늘부터 이달 말까지 해외 출장 계획이 잡혀 있다.
- 저 나무는 예부터* 오늘날까지 변함없이 그 자리에 서 있다.

*'예부터'는 '예로부터'의 준말이므로 '옛부터'라고 쓰면 잘못이다.

## ▌전(前)

'전(前)'은 '과거의 어느 때'를 가리키는 명사이다. 그러므로 '몇∨년∨전'처럼 띄어 써야 한다. 다만 '오래전', '기원전'처럼 굳어져 복합어로 쓰이는 경우도 있다. '일전, 월전, 연전, 오전, 이전' 같은 말도 붙여 쓴다.

- 그의 얼굴을 마지막 본 것은 오래전 일이다.
- 고대 올림픽이 처음 시작된 것은 기원전 8세기쯤이라고 한다.
- 이분이 바로 일전에 제가 말씀드린 그 사람입니다.
- 그분의 부인은 연전에 세상을 뜨셨다.

'몇∨년∨전'은 몇(관형사)+년(의존명사)+전(명사) 구조로 띄어 쓰지만 '수년∨전'은 '수(접두사)+년(의존명사)+전(명사)' 구조로, '수년'은 붙여 써야 한다.

- 몇∨년∨전 그를 만났을 때 퇴직한 뒤 쉬고 있었다.
- 수년∨전 그를 만났을 때 퇴직한 뒤 쉬고 있었다.

# ■ 때/시(時)

'때'는 시간이나 시기, 경우나 동안을 나타내는 명사이므로 띄어 써야 한다. 다만 '한때', '이때', '그맘때', '요맘때', '이맘때', '한창때', '끼니때', '아침때', '점심때', '저녁때'처럼 복합어로 쓰이기도 한다.

- 설∨때와 앉을∨때를 구분해야 한다.
- 작년 이맘때는 고향에 있었는데.
- 주부는 끼니때마다 반찬 때문에 고민해야 한다.
- 내일 점심때 만나기로 하지.

'시(時)'는 '시각'이나 '경우'를 나타낼 때 쓰이는 의존명사이므로 선행어와 띄어 써야 한다. 그러나 '비상시', '평상시', '기준시', '유사시', '필요시', '혼잡시', '황혼시', '발화시', '사건시' 같은 말은 합성어로 굳어져 쓰인다.

- 입찰에 임할∨시에는 반드시 제출 서류를 확인하시기 바랍니다.
- 입찰∨시에는 반드시 제출 서류를 확인하시기 바랍니다.
- 평상시에 철저히 점검하여 비상시를 대비해야 한다.
- 발화시와 사건시라는 말은 언어학에서 쓰이는 용어이다.

# ▌며칠/몇∨날

보통 날짜를 말할 때는 '며칠'이고 '몇 날'을 얘기할 때는 '몇일'이라고 잘못 이해하는 경우가 많다. 날짜도 '며칠'이고 '몇 날'도 '며칠'이다. '몇일'은 비표준어다.

- 오늘이 <u>며칠</u>이지?
- <u>몇일</u> 동안이나 거기 있었던 거야?(×)
- <u>며칠</u> 동안이나 거기 있었던 거야?(○)

# ▌지/만/간

'지'와 '만' 그리고 '간'은 일종의 '야누스(두 얼굴)'라 할 수 있다. 같은 모습이 어미로 쓰이기도 하고 의존명사로 쓰이기도 한다. 또는 접사로 쓰이기도 하고 의존명사로 쓰이기도 한다.

'지'와 '만', '간'이 '동안(시간)'의 의미로 쓰일 때 '지'와 '만'은 띄어 쓴다. 다만 '오랜만'과 '오래간만'은 복합어로 굳어져 쓰인다. '간'은 반대로 붙여 쓴다.

- 그가 <u>떠난∨지</u> 10년이 넘었다.
- 다시 만나게 <u>될지</u>는 미지수이다.

- 3년˅만에 그를 다시 만났다.

- 다 아는 사실을 <u>자신만</u> 모르고 있다.

- 부모님을 <u>오랜만</u>에 만날 수 있었다.


- 3일간 놀다 왔더니 집안 꼴이 엉망이다.

- 결승전은 준결승에서 이긴 <u>팀˅간</u> 맞붙는 경기이다.

# 쓰쓰가무시,
# 미나마타, 이타이이타이

'벌초나 성묘하는 가을철에 빠짐없이 뉴스에 등장하는 병. 등줄쥐에 기생하는 털진드기 유충에 물려 감염되는 병. 잠복기는 2주간이며 급격한 발열로 시작해 5일경 발진이 출현하는 병. 두통, 발열, 오한, 구토, 발진, 근육통, 기침 등이 나타나는 병. 증상이 심할 경우 기관지염, 폐렴, 심근염, 수막염 등이 생길 수 있는 병.'

바로 '털진드기유충증'을 말하는데 의학에서는 스크럽타이퍼스(scrub typhus), 트롬바이디어시스(trombidiosis), 트롬비다이어시스(trombidiasis), 트롬바이큘리어시스(trombiculiasis) 등으로 불리지만 보통 '쓰쓰가무시증(つつがむし症)'으로 많이 불린다. '쓰쓰가무시'를 '쯔쯔가무시'나 '츠츠가무시'로 잘못 표기하는 바람에 많이들 헷갈려 한다. 외래어표기법에 따르면 일본어 'つつがむし'는 '쓰쓰가무시'로 표기해야 맞다.

외래어표기법에 따르면 일본어를 표기할 때 'ㅆ' 외에는 경음(된소리)을 쓸 수 없도록 하고 있다. 발음이 경음으로 들려도 격음(거센소리)으로 표기해야 한다. 그래서 'さっぽろ(札幌)'는 '삿뽀로'가 아니라 '삿포로'로 표기되는 것이다. 일본어 가나에서 경음으로 표기할 수 있는 글자는 'っ(쓰)'밖에 없다. 'かつおぶし'도 '가쯔오부시'가 아니라 '가쓰오부시'가 맞는 표기이다.

이와 함께 수은 중독으로 생기는 공해병 'みなまた病'도 '미나마따병'이 아니라 '미나마타병'이 맞는 표기이며 카드뮴 중독으로 발병하는 공해병 'いたいいたい病'도 '이따이이따이병'이 아니라 '이타이이타이병'으로 적어야 한다.

일본어를 표기할 때는 경음 외에도 장음을 따로 표기하지 않는다. 'きゅうしゅう(九州)'는 '규우슈우'가 아니라 '규슈'가 맞는 표기이다. 또 어두에는 격음(거센소리)으로 표기하지 않는다. 'きたきゅうしゅう(北九州)'는 '기타큐슈'로 'きゅうしゅう(九州)'는 '규슈'로 적으면 된다.

- 쯔쯔가무시증(つつがむし症) → 쓰쓰가무시증
- 미나마따병(みなまた病) → 미나마타병
- 이따이이따이병(いたいいたい病) → 이타이이타이병
- 삿뽀로[さっぽろ(札幌)] → 삿포로
- 가쯔오부시(かつおぶし) → 가쓰오부시
- 큐우슈우[きゅうしゅう(九州)] → 규슈
- 키타큐우슈우[きたきゅうしゅう(北九州)] → 기타큐슈

# 아따, 시방 거시기는
# 싸게 안 오고 뭐하냐?

"①아따, ②시방 ③거시기는 ④싸게 안 오고 뭐 하냐?"

KBS에서 진행하는 '도전 골든벨'에서 출제됐던 것으로 제시한 문장에 들어 있는 네 개 단어 가운데 표준어가 아닌 것을 고르는 문제였다. 정답은 '④싸게'. 싸게는 표준국어대사전에 '빨리'의 방언(강원, 경상, 전남, 충청) 또는 북한어로 분류돼 있다. '싸다'를 사전에서 찾아보면 여러 가지 뜻이 있다.

• 형은 화장실에서 오래 똥을 <u>싸고</u> 있다.
• 그 사이 동생은 바지에 <u>싸고</u> 말았다.
• 상추 좀 사와라. 쌈 좀 <u>싸</u> 먹게.
• 지금 3시야. 짐은 다 <u>쌌니</u>?

- 일을 그 따위로 하려면 당장 짐 <u>싸</u>!

- 80% 세일? 와 <u>싸다</u>!

- 그 친구 참 입도 <u>싸지</u>. 그새 못 참고 쯧쯧.

- 시간 없으니까 <u>싸게</u> 다녀와, 알았지? (방언 또는 북한어)

## ■ 표준어규정 제1장 표준어 사정 원칙 제1항

표준어는 교양 있는 사람들이 두루 쓰는 현대 서울말로 정함을 원칙으로 한다.

일반인이 표준어인지 비표준어인지를 확인하려면 표준국어대사전에서 검색해야 한다. 그런데 2011년과 2014년 두 차례 표준어를 추가로 선정해 사전에 올렸다. 그 후에는 분기별로 선정된 표준어를 고시하고 있다. 그중에는 과거 비표준어로 분류됐던 말이 표준어로 승격(?)된 것도 있고 신조어가 널리 사용되면서 표준어로 채택된 것도 있다. 2011년 8월부터 2016년 9월까지 새로 추가된 표준어 목록을 싣는다.

**추가 표준어 목록**(2011년 12월~2016년 9월)

| ~길래 | 각호(各號) | 간지럽히다 |
|---|---|---|
| 강치 | 개기다 | 개발새발 |
| 건곤감리(乾坤坎離) | 걸리적거리다 | 고름요 |
| 고종실록 | 곱슬하다 | 구안와사 |
| 국문학자 | 굴러오다 | 굽신 |
| 급(級) | 꼬시다 | 끄적거리다 |

| | | |
|---|---|---|
| 끝부분 | 나래 | 난형열(卵形熱) |
| 남사스럽다 | 내공(內功) | 내음 |
| 놀잇감 | 누룽지튀각 | 눈꼬리 |
| 눈두덩이 | 다문화 | 담(痰) |
| 데려다주다 | 도긴개긴 | 도로명주소 |
| 두리뭉실하다 | 뒤엣것 | 들깻가루 |
| 들통나다 | 등물 | 딴지 |
| 떨구다 | 뜨락 | 랍스터 |
| 맨날 | 맨숭맨숭 | 맹숭맹숭 |
| 먹거리 | 메꾸다 | 모셔다드리다 |
| 몰라뵈다 | 몰라뵙다 | 못자리 |
| 무리수(無理手) | 묵은지 | 물기운 |
| 바둥바둥 | 반려동물 | 번체자 |
| 복숭아뼈 | 본음(本音) | 빌려주다 |
| 삐지다 | 사그라들다 | 사부(師夫) |
| 사부님 | 산후조리 | 새집증후군 |
| 새초롬하다 | 섬찟 | 세간살이 |
| 속앓이 | 손주 | 수화언어 |
| 숙제하다 | 순종실록 | 스마트폰 |
| 신나다 | 신내림 | 쌉싸름하다 |
| 아시가바트 | 아웅다웅 | 앞서가다 |
| 앞엣것 | 앞축 | 야멸차다 |
| 어리숙하다 | 어제그저께 | 에서야 |
| 연신 | 연월(年月) | 예의(例義) |
| 오순도순 | 완독하다 | 워낙에 |
| 유정란 | 이종격투기 | 전방위 |
| 제막되다 | 조현병(調絃病) | 진즉에 |
| 짜장면 | 찌뿌둥하다 | 쳐내려오다 |
| 초장초 | 추근거리다 | 추자도 |
| 큰대자 | 택견 | 토란대 |
| 품새 | 한국수어(韓國手語) | 한국수화언어 |
| 한류(韓流) | 햄스터 | 허접쓰레기 |
| 호송차 | 휭하니 | 흙담 |

# '안 되죠'와
# '안 돼요'

"'되죠', '돼야죠', '돼요', '안 되지', '안 돼요'를 어떻게 구분해요? 띄어 쓰기는요?"

신문사에서 교열 일을 할 때 어느 기자에게 전화로 받은 질문이다.

실제 이런 질문은 강의실에서도 자주 받는 질문이다. 강의실에서야 화이트보드나 칠판에 적으면서 이야기하면 그리 어려움이 없지만 전화로 답을 해야 할 때는 '되'와 '돼'의 발음이 흡사하기 때문에 설명이 쉽지 않았다. 그래서 전화로 통용되는 명칭이 따로 있다. 동아일보 어문연구팀에서는 '되'는 '도이 되'로, '돼'는 '돼지 돼'로 한다는 암묵적 약속이 있었다. 그래서 설명이 가능했다.

사실 '되'를 써야 하는지 '돼'를 써야 하는지와 띄어 쓸지 붙여 쓸지 등 네 가지 정도를 알고 써야 바르게 쓸 수 있다. 로마신화에 나오는 두 얼굴의 신 '야누스(Janus)'가 둘 있는 격이라고나 할까.

## ■ 첫 번째 야누스

'되'를 쓸 것인지 '돼'를 쓸 것인지가 첫 번째 야누스. 기본은 '되어'의 준말이 '돼'라는 건 누구나 알 테고. 헷갈릴 때는 흔히들 구별하는 방법으로 '되'나 '돼' 자리에 '하'나 '해'를 대신 넣는 방법으로 구별하기도 한다. 어쩌면 그게 가장 쉬운 방법일지 모른다. 실제로 '되'나 '돼'가 들어갈 자리에 '하'나 '해'를 넣어 보았다.

| 되죠 | 하죠 | ○ | 해죠 | × |
|---|---|---|---|---|
| 돼야죠 | 하야죠 | × | 해야죠 | ○ |
| 돼요 | 하요 | × | 해요 | ○ |
| 안 되지 | 안 하지 | ○ | 안 해지 | × |
| 안 돼서 | 안 하서 | × | 안 해서 | ○ |

## ■ 두 번째 야누스

사실 어떤 경우에 '안되다'처럼 붙여 쓰고 어떤 경우에 '안∨되다'처럼 띄어 쓰는지를 정확히 알고 쓰기는 쉽지 않다. 그래서 붙여 쓰는 경우만 잘 알아두면 그리 어렵지 않게 활용할 수 있다.

먼저 붙여 쓰는 동사 '안되다'는 '잘되다'의 반대말로 이해하면 된다. '잘되지 않다'라는 의미로 쓰이는 것이니까.

- 지난해에는 농사가 <u>잘됐어요</u>. (잘되다)

- 그런데 올해는 농사가 <u>안됐어요</u>. (잘되지 않다)

- 열심히 공부한 우리 큰형은 <u>잘됐다</u>. (잘되다)

- 놀기만 하던 작은형은 <u>안됐다</u>. (잘되지 않다)

또 붙여 쓰는 형용사 '안되다'는 '얼굴이나 마음 상태가 좋지 않다'는 의미로만 쓰인다.

- 너 요즘 무슨 일 있니? 얼굴이 참 <u>안됐다</u>. (얼굴)

- 그런 널 보니 내 마음이 <u>안됐다</u>. (마음)

그 외에는 대부분 '안V되다'로 띄어 쓰게 된다. '안V되다'가 '되다'의 부정 표현으로 쓰일 때이다.

- 그렇게 하면 <u>된다</u>. → 그렇게 하면 안V된다.

- 그렇게 하면 <u>돼요</u>. → 그렇게 하면 안V돼요.

- 그렇게 하면 <u>돼</u>! → 그렇게 하면 안V돼!

# 알 듯 모를 듯

우리말에서 '듯'만큼 띄어쓰기가 까다로운 말도 드물다. 그 이유는 문장에서 '듯'이 세 가지 속성으로 표현되기 때문이다. 그러나 결론부터 먼저 말하면 '듯'은 붙여 쓰기 한 가지만 알면 끝이다! 속성이 셋이든 넷이든 상관할 필요 없다.

'듯'은 어미로 쓰일 때만 붙여 쓴다!

## ▌먹듯(이)

'-듯이' 또는 준말인 '-듯'이 뒤 절의 내용이 앞 절의 내용과 거의 같음을 나타낼 때는 연결어미로 쓰인 것이다. '-는 것같이'와 같은 의미로 쓰인다. 이때는 어미이니까 붙여 써야 한다.

• 지각을 무슨 밥 먹듯(이) 하니?

• 지각을 무슨 밥 먹는 것같이 하니?

## ■ 먹은∨듯(이)/먹는∨듯(이)/먹을∨듯(이)

'듯이' 또는 준말인 '듯'이 어미 '-은', '-는', '-을' 뒤에 쓰여 '짐작이나 추측의 뜻을 나타내는 말이면 의존명사로 쓰인 것이다. 이때는 의존명 사이니까 띄어 쓰는 게 맞다.

• 아무리 물어도 겁을 먹은∨듯 대답할 생각을 하지 않는다.

• 아무리 기다려도 점심을 먹는∨듯 나오지 않았다.

• 배가 너무 고프면 돌이라도 먹을∨듯 달려들게 마련이다.

'-은∨듯 만∨듯', '-는∨듯 마는∨듯', '-을∨듯 말∨듯' 구성으로 쓰여 '그런 것 같기도 하고 그러지 아니한 것 같기도 함'을 나타내기도 한다.

• 한 그릇 다 먹고 나서도 먹은∨듯 만∨듯 다시 수저를 든다.

• 한 시간이 넘도록 밥을 먹는∨듯 마는∨듯 그러고 있다.

• 고양이 한 마리가 눈치를 살피며 먹을∨듯 말∨듯 망설이고 있다.

## ▌먹인∨듯하다/먹인∨듯싶다

'듯하다'와 '듯싶다'는 앞말이 뜻하는 사건이나 상태 따위를 짐작하거나 추측함을 나타내는 보조용언으로 쓰인다. 이때 '듯'은 앞말과는 띄어 쓰지만 '듯하다', '듯싶다'처럼 뒷말과는 붙여 써야 한다.

- 이불 홑청이 빳빳한 느낌으로 미뤄 풀을 먹인 듯하다.
- 이불 홑청이 빳빳한 느낌으로 미뤄 풀을 먹인 듯싶다.

## ▌'듯'의 쓰임 복습

- 손에 잡히듯 눈앞에 어른거렸다.
- 손에 잡힐∨듯 눈앞에 어른거렸다.
- 눈앞에 어른거려 손에 잡힐∨듯했다.
- 눈앞에 어른거려 손에 잡힐∨듯싶다.

# 어미 '야지'와 'ㄹ걸'

"아빠, 정년퇴직 몇 년 남았지?"

동아일보 퇴직을 3년 정도 남겨 뒀을 즈음 아들이 갑자기 내게 물었다.

"퇴직? 3년 정도 남았지."

"그럼, 지금쯤 뭔가 준비돼 있어야 하잖아?"

"그렇지. 준비해야지."

그러고 나서 해야지, 해야지 하면서 1년이 후딱 지나갔다. 이제 2년 남았다. 이젠 정말 해야지 하는 생각이 엄청난 부담과 두려움으로 다가왔다. 2009년 1월쯤에 그 많은 '해야지' 중에서 '대학원에 가야지'에 꽂혔다.

그러고도 석 달이 또 지나갔다. '이젠 정말 해야지'를 실천하려고 동아일보에서 가장 가까운 대학원의 문을 두드렸다. 나이 만 53세에⋯. 지금에 와서 돌이켜 생각해 보면 중국해양대 한국학과 초빙교수도, 지금의 강사 활동도 그때 '해야지'를 실천하지 않았다면 모두 무주공산이 될 뻔했다.

## ▌종결어미 '-야지'

사람은 누구나 한평생 '-야지'라는 말과 함께 살아간다. '공부 좀 해야지', '글 좀 써야지', '책 좀 읽어야지', '돈 좀 벌어야지', '건강하게 살아야지', '오래 살아야지'처럼 '야지, 야지' 하면서 죽을 때까지 그렇게 한평생을 살아간다. 굳이 입으로 말 안 해도 '-야지'하는 생각으로 살아가게 된다.

이 '-야지'는 문장 끝에서 문장 종결을 나타내는 기능을 하는 어미이다. 그래서 종결어미로 불린다. 그런데 '-야지'라는 종결어미는 때로는 또 다른 종결어미 '-ㄹ걸'을 낳는다.

## ▌종결어미 '-ㄹ걸'

그런데 이 '-야지'가 실현되지 못하면 언젠가는 종결어미 '-ㄹ걸'을 곱씹으며 후회하게 된다. '공부 좀 할걸', '글 좀 쓸걸', '책 좀 읽을걸', '돈 좀 벌걸', '건강하게 살걸'처럼 '-ㄹ걸', '-ㄹ걸' 하면서 죽을 때까지 그렇게 후회하며 여생을 살아가게 된다.

물론 그 반대일 수도 있다. '-야지'를 실천했음에도 어느 순간 '말걸'하고 후회할 수도 있다. 하지만 세상에는 나쁜 일 외에는 반드시 선한 결

과가 남게 돼 있다. 경험을 얻어도 얻는다. 선한 경험은 결코 '말걸'의 대
상이 아니다.

## ▌두 얼굴 '걸'

의존명사 '것', '것이'를 줄여 '게'로 쓰고 '것은'을 줄여 '건'으로 쓰며
'것을'을 줄여 '걸'로 쓴다. 다음 문장을 비교해 보자.

- 강아지는 대부분 먹을∨걸 줄 때 꼬리를 흔든다.
- 강아지는 사람이 먹는 음식은 죄다 먹을걸.

첫 문장에서 '먹을∨걸'의 '걸'은 의존명사 '것'에다 조사 '을'의 조합인
'것을'을 줄여 쓰인 표현이다. 그래서 띄어 쓴 것이다. 두 번째 문장에서
'먹을걸'의 '걸'은 의존명사가 아니다. 어미 기능을 한다. 그래서 붙여 쓴
것이다. 어간에 받침이 없으면 '-ㄹ걸'로, 받침이 'ㄹ'이면 '-걸'로, 받침이
없으면 '-을걸'로 나타난다.

오늘도 종결어미 '야지', '야지' 되뇌기만 하다 저물 때를 맞아 '걸', '걸'
하면서 후회하지 않기를 빈다. 더 나아가 날마다 '야지', '야지'를 되뇌기
만 하다 '걸', '걸' 하면서 황혼을 맞지 않으시기를 부탁드려도 될는지…

# 원숭이 엉덩이는 **빨개**

몇 년 전 칭다오에 머물면서 일반 중국인이 수강하는 세종학당에서 중급반을 맡아 한국어를 가르친 적이 있다. 그때 한국어 교재에 '원숭이 엉덩이는 빨개'로 시작하는 끝말잇기 문장이 실려 있었다. 중국인 수강생들과 함께 게임하듯이 함께 외쳐 댔던 기억이 새롭다. 나중에 한 학생이 손을 들고 두 가지 질문을 했다.

하나는 원숭이 엉덩이가 진짜 빨가냐는 것이고 다른 하나는 어떤 때 '빨개'를 쓰고 어떤 때 '빨게'를 쓰느냐고. 원숭이 엉덩이는 진짜 빨간지는 잘 모른다고 할 수밖에 없었다. '빨개'가 맞는 표현이고 '빨게'는 틀린 표현이라고 했더니 또 왜 '게'를 안 쓰고 '개'를 쓰느냐고 물었다. 하는 수 없이 '모음조화'라는 우리말 현상을 빌려 '빨개'와 '뻘게'를 비교해 설명했다.

# ▮모음조화

우리말에서는 자음끼리 부딪게 되면 '변화'가 일어나고 모음끼리 부딪게 되면 '조화'가 일어난다. 그래서 '자음접변'과 '모음조화'라는 말이 생겼다. 모음 중에 양성모음은 양성모음끼리, 음성모음은 음성모음끼리 어울린다고 해서 모음조화라고 한다.

### 'ㅏ, ㅗ' 뒤에는 '아'

한글맞춤법에는 "어간의 끝음절 모음이 'ㅏ, ㅗ'일 때에는 어미를 '-아'로 적고, 그 밖의 모음일 때에는 '-어'로 적는다"라고 규정하고 있다. 그래서 '맑아', '닿아', '남아', '놀아', '보아'처럼 쓰인다.

그런데 유일하게 '하다'의 '하'의 뒤에는 반드시 '여'가 따른다. '하+아'가 아니라 '하+여'가 되므로 '하여'로 쓰인다. 물론 북한어에서는 '되'에도 '여'를 붙여 '되여'로 쓰고 있다. 우리는 '되+어' 구조로 '되어'로 쓴다.

### 'ㅏ, ㅗ' 이외의 모음 뒤에는 '어'

'ㅏ, ㅗ' 외 나머지 모음 뒤에는 '먹어', '되어', '적어'처럼 'ㅓ'로 활용하면 된다. 따라서 '뱉'의 모음 'ㅐ'는 어미 '어'와 어울리니까 '뱉아'가 아니라 '뱉어'라고 적어야 한다. 또 '빼앗다'가 활용되면 '빼앗아'가 되지만 준말 '뺏다'가 활용되면 '뺏어'가 되는 것도 같은 원리이다.

　　　　　　　　　　　　　　　　　교열기자의 오답노트

모음조화에 익숙해지는 데는 색깔을 표현하는 용언의 어미 활용 예를 몇 가지 알아두는 것도 도움이 되리라 본다.

- 까맣다 → 까매지다
- 꺼멓다 → 꺼메지다
- 노랗다 → 노래지다
- 누렇다 → 누레지다
- 발갛다 → 발개지다
- 벌겋다 → 벌게지다
- 빨갛다 → 빨개지다
- 뻘겋다 → 뻘게지다
- 파랗다 → 파래지다
- 퍼렇다 → 퍼레지다
- 하얗다 → 하얘지다
- 허옇다 → 허예지다

# '은/는'과
# '이/가'의 쓰임새

　한국인 대부분은 말을 할 때 조사 [은/는]과 [이/가]를 구별해 쓰는 데 별 어려움을 느끼지 않는다. 누구나 감각적으로 구별해 쓸 수 있기 때문이다. 따라서 [이/가]는 이럴 때 쓰고 [은/는]은 저럴 때 쓴다고 규칙을 구별해 익혀야 할 이유가 없다. 잘못 쓰이게 되면 스스로 어색하다고 어렵잖게 느낄 수 있기 때문이다.

　그러나 한국어를 외국어로 배우는 사람이라면 이야기가 다르다. 외국어를 배울 때는 규칙을 알 필요가 있고 규칙에 따라 쓰려고 노력하기 때문이다. 특히 작문할 때 그런 시도가 두드러진다. 이런 식이다.

　　"○○아, 점심 같이할까?"
　　"아니에요, 선생님! 제가 아까 먹었습니다."

외국인은 이렇게 대답하고도 어색한 표현인 줄 쉽게 알아차리지 못한다. 한국인은 단번에 알아차리겠지만….

중국해양대 한국학과에서 중국 대학생들에게 한국어를 가르칠 때 강의 중에 자신을 소개하는 글을 적어 보라는 과제를 내 보았다. 열심히 적어 낸 글에는 곳곳에서 문법 오류가 발견됐다. 눈에 띄는 오류마다 수정하면서 문법, 특히 조사 용법을 하나하나 가르쳤던 기억이 새롭다. 그중에서도 조사 오류가 발견된 문장만 몇 개 뽑아 여기에 옮긴다.

외국 학생이 쓴 한국어 문장을 무작위로 뽑아 수정 없이 그대로 옮긴 것이라 오류가 많지만 조사 [은/는, 이/가]의 쓰임만 주의 깊게 살피며 읽어 보자.

- 사람마다 취미는 다르듯이 저의 취미는 시기에 따라 다릅니다.
- 저에게 취미는 뭐라고 물어 오면 음악 듣기하고 노래 부르기를 대답할 겁니다.
- 심천에서 출생한 사람이 적고 다른 곳에 출생한 사람이 많이 있습니다.
- 우리 고향의 면적이 안 크지만 풍경이 아주 좋고 유명한 인물이 많습니다.
- 이번 여름에는 제가 10일간의 배낭여행을 다녀왔습니다.
- 평소에는 제가 항상 일을 밀리고 마감 때가 돼야 일을 합니다.
- 제 가족이 네 명 있는데요. 어머니, 아버지, 동생 그리고 접니다.
- 저희 아버지가 평범한 사람이지만 사람이 사람답게 사는 아버지입니다.

- 우리 고향에 조선족하고 만족 사람들이 많이 있습니다.

- 그 사람들이 다 친절하고 잘살고 있습니다.

- 제가 여행하는 것을 너무 좋아합니다.

- 제가 지금 한국어를 배우는데 제일 어려운 점이 두 가지 있습니다.

- 저는 취미가 좀 많아요. 제가 독서를 좋아하지 않아요.

위 문장을 모두 읽었다면 문장마다 어색한 조사 쓰임을 어렵지 않게 찾아 수정할 수 있으리라 본다. 기본적으로 [은/는]은 [이/가]로 바꿔 보고 [이/가]는 [은/는]으로 바꿔 보면 답이 보일 것이다. 물론 그렇게 고쳐 놓아도 외국인은 고개를 갸웃하겠지만…. 만일 쉽게 구분이 안 된다면 아래 적은 규칙을 좀 더 읽으면 무난하리라 생각한다.

우리나라 사람도 입말과 달리 글말에서는 간혹 잘못 쓰는 경우가 발견되기에 [은/는]과 [이/가]의 쓰임 규칙을 가볍게, 비교적 쉽게 풀어 보려 한다.

받침이 있는 음절 뒤에서는 [이]와 [은]이, 받침이 없는 음절 뒤에서는 [가]와 [는]이 쓰인다는 건 기본이다. 또 [이/가]는 격조사이며 주어에 쓰이면 주격조사, 보어에 쓰이면 보격조사 기능을 한다. [은/는]은 보조사로 쓰인다. 주어에 쓰여도 격조사가 아니라 보조사이다.

- 그가 아침에 갑자기 찾아왔다.

(그가: 주격조사)

- 그는 싱글벙글 웃으며 말했다.

  (그는: 보조사)

- "나는 부자가 되었어!"

  (부자가: 보격조사)

- "나는 이제 가난뱅이가 아니야."

  (가난뱅이가: 보격조사)


국어사전에서는 [은/는]이 대조임을 나타낼 때, 화제임을 나타낼 때, 강조의 뜻을 나타낼 때 쓰인다고 풀이하고 있다.


- 대조: 토끼는 달리고 거북이는 걷는다.
- 화제: 거북이는 너무 느리다.
- 강조: 거북이도 달릴 수는 있다.


이렇게 설명해도 명확하게 구분하기는 쉽지 않다. 그래서 '정보'라는 용어를 사용해 이해를 돕고자 한다. [이/가]가 쓰인 성분에는 단일 정보가, [은/는]이 쓰인 성분에는 복수 정보가 포함한 것으로 이해하면 된다.


- 토끼가 달린다.(정보 1: 토끼)
- 토끼는 달리고 거북이는 걷는다.(정보 2: 토끼, 거북)


- 거북이가 느리다.(정보 1: 거북이)

• 거북은 너무 느리다. (그런데 토끼는 빠르다) (정보 2: 거북, 토끼)


• 토끼가 달릴 수 있다.(정보 1: 토끼)

• (토끼는 달린다) 거북이도 달릴 수는 있다.(정보 2: 토끼, 거북)


[은/는]이 쓰인 문장에는 노출된 정보든, 예상되는 정보(숨은 정보)든 두 개 이상의 정보가 있다고 보는 것이다. 정보가 두 가지 이상이어야 대조하거나, 화제를 나타내거나, 강조를 뜻하는 표현이 가능한 거니까. 그래서 [이/가]는 신정보를, [은/는]은 구정보를 나타낸다고도 하는 것이다.

# 의존명사 '것'을
# 모두 **벗기면?**

두껍아, 두껍아, 헌 집 <u>줄게</u>, 새 집 다오!

<u>원하는 게</u> 있으면 다 <u>줄게</u>.

위 문장에서 '원하는 게'의 '게'와 '줄게'의 '게'는 신분이 다르다. 앞엣것은 '것이'를 뜻하는 의존명사 기능을, 뒤엣것은 '주-ㄹ게' 구조로 종결어미 기능을 한다. 의존명사의 대표 주자인 '것'의 모습과 쓰임을 한데 모아 살펴보려고 한다.

## ▌'것'의 신분은 의존명사

의존명사는 자립명사의 상대 개념이며 말 그대로 자립성이 없는 명사이다.

- 마실 <u>것</u> 좀 주세요.(추상적인 무엇)

- 어린 <u>것</u>이 감히 대들어?(비하)

- 노란 <u>것</u>이 제일 예쁘다.(동식물)

- 내 <u>것</u>에는 손대지 마.(소유물)

- 독서는 습관 중에서 가장 좋은 <u>것</u>이다.(확신, 결정, 결심)

- 내일이면 기분이 좀 풀릴 <u>것</u>이다.(전망, 추측, 소신)

- 내일은 지각하지 말 <u>것</u>.(명령)


## ▋띄어 쓰는 의존명사 '것'

의존명사는 자립성이 없긴 하지만 명사이며 동시에 단어로 분류된다. 그러므로 대부분 앞말과 띄어서 써야 한다.


마실V것, 어린V것, 노란V것, 내V것, 좋은V것, 풀릴V것, 말V것


## ▋붙여 쓰기도 하는 의존명사 '것'

의존명사라고 해서 모두 띄어 쓰는 것은 아니다. 예를 들면 합성어 '말-거리/쓸-거리', '그-따위/요-따위', '남-녘/들-녘', '한-나절/반-나절', '젊은-이/늙은-이'에서 '거리', '따위', '녘', '나절', '이' 등은 모두 의존명사임에도 붙여 쓰는 경우이다.

마찬가지로 '이것', '저것', '그것'의 '것'도 의존명사이다. '것'이 붙여 쓰

는 예가 사전에 올라 있는 것만 해도 참 많다.

까짓것, 날것, 뒤엣것, 들것, 몸엣것, 미친것, 별것, 쌍것, 아랫것, 아무것, 앞엣것, 어린것, 옛것, 젊은것, 촌것, 탈것, 풋것, 헛것

## ■ '거'로도 쓰이는 의존명사 '것'

'것'이 입말(구어체)에서는 '원하는 거', '좋은 거'처럼 '거'로도 쓰인다.

'공부만 잘하면 원하는 거 다 사 줄게.'(거→것)

## ■ '거예요'로 활용되는 의존명사 '것'

'것이다'에서 '-다' 자리에 입말 표현 '에요'를 대신 쓰면 '것이-에요'가 된다. 입말에서 '것'이 '거'로 바뀌면서 '거이-에요'가 되고 '거예요'로 줄여 쓴다. 이것이 바로 '거에요'가 아니고 '거예요'가 맞는 표현인 이유다.

것이-다→것이-에요→거이-에요→거예요 (거에요 ×)

## ■ '게', '건', '걸'로도 변신하는 의존명사 '것'

'것이'는 '게'로, '것은'은 '건'으로, '것을'은 '걸'로 줄여 쓰이기도 한다.

- 우리 집에는 없는 게 없다. (게→것이)

- 보이는 건 죄다 우리 땅이다. (건→것은)

- 우길 걸 우겨야지. (걸→것을)

## ■ 의존명사 '것'과 거리가 먼 '게'와 '걸'

주로 문장 끝에 오는 '게'와 '걸'은 '것이'나 '것을'이 줄어서 된 말이 아니다. 'ㄹ'이나 '을'을 앞세운 어미 기능을 한다. '-ㄹ게', '-ㄹ걸', '-을게', '-을걸'은 종결어미이다. 따라서 띄어 쓸 수가 없다.

- 헌 집 줄게, 새 집 다오. (주-ㄹ게)

- 차라리 어제 집에나 갈걸. (가-ㄹ걸)

- 주는 대로 먹을게. (먹-을게)

- 그거라도 받을걸. (받-을걸)

# 좋은 하루 되세요!
# 행복하세요!

이젠 거의 굳어져 가는 '잘못된' 인사를 수도 없이 하고 듣는다.

"좋은 하루 되세요!"

"오늘도 행복하세요!"

## ▌내가 '좋은 하루'가 될 수 없는 이유

나라는 사람은 결코 '좋은 하루'가 될 수 없음에도 끊임없이 '좋은 하루가 되라'고 하루에도 몇 번씩 독촉(?)받는다. 아래 문장을 살펴보자.

- 나는 좋은 하루가 되겠다.
- 나는 행복한 한 달이 되겠다.

•나는 복된 일 년이 되겠다.

"좋은 하루 되세요!"라는 문장에서 생략된 주어는 '당신은' 또는 '선생님은' 정도가 될 텐데, 그러면 과연 "(선생님은) 행복한 하루(가) 되세요!"라는 인사가 바른 문법으로 쓰인 것인지를 생각해 보려고 한다. 물론 이 문장은 '주어+보어+되다' 형식의 문장이다. '나'라는 주어가 이끄는 문장에 어떤 성격의 보어가 오면 어울리지 않는지부터 알아보는 게 순서일 것 같다.

•나는 한 달 후면 교사가 된다.
•나는 훌륭한 지도자가 될 것이다.
•나는 회사 대표가 되었다.

•나는 한 마리 새가 된다.
•나는 창공의 한 점 구름이 되고 싶다.
•나는 나도 모르는 사이 늑대가 될지도 모르겠다.

이렇게 쓰인 문장은 별 문제가 없다. 모두 '나=교사', '나=지도자', '나=대표', '나=새', '나=구름', '나=늑대'처럼 논리적으로 등식이 성립된다.

•나는 좋은 하루가 될 것이다.
•나는 행복한 한 달이 된다.

• 나는 복된 일 년이 되려고 한다.

이 세 문장에서 '나=하루'나 '나=한 달', '나=일 년'은 논리적으로 등식이 성립한다고 보기 어렵다. 이처럼 같은 문장이나 구, 단어 안에서 형태소 등이 문법적으로 나타나느냐 아니냐를 가려 정의하는 문법 용어가 있다. 그게 바로 '공기(共起)'라는 말이다. 예를 들어 '그가 배(梨)를 먹었다'에서 '그'와 '배(梨)'는 공기 관계를 가지나 '그가 배(船)를 먹었다'에서 '그'와 '배(船)'는 공기 관계가 성립하지 않는다.

따라서 '(당신은) 좋은 하루 되세요!'라는 문장에서도 '당신'과 '하루'는 공기 관계가 성립되지 않는다. 문법적으로 그릇된 문장이다. 이 문장은 반드시 '보내세요' 또는 '지내세요'라는 서술어를 활용해 고쳐야 한다. 비문법적인 문장을 마구 쓰는 것도 상대에게는 결례일 수 있다. 공기 관계의 자세한 설명은 이 책 '제3부 1.'에 적어 두었다.

• "좋은 하루 되세요!" → "좋은 하루 보내세요!"
• "행복한 하루 되십시오!" → "오늘 하루 행복하게 보내십시오!"

## ■ 남에게 '행복하세요'라고 할 수 없는 이유

"좋은 하루 되세요!"와 함께 "오늘도 행복하세요!"도 자주 쓰이는 인사말이다. 이 인사말도 문법이란 잣대를 들이대면 고쳐 써야 하는 문장이다. 결론을 먼저 말하면 '형용사에는 명령형이나 청유형 종결어미가 쓰이지 않는다!'이다.

문장을 어떤 어미를 사용해서 종결하느냐에 따라 5가지 종류의 문장이 만들어진다. 그런데 동사에는 '평서형', '감탄형', '의문형', '명령형', '청유형' 등 5가지 종류의 문장 생성이 가능하나 형용사에는 '평서형', '감탄형', '의문형'만 가능하다. 다시 말해 형용사에는 '명령형'이나 '청유형' 종결어미가 없다는 것이다.

따라서 형용사를 사용해 명령형이나 청유형 문장을 만들려면 동사형 표현으로 바꿔야 한다. 청유형 문장 '오늘도 행복하세요'는 '~게 지내세요' 또는 '~게 보내세요'로 종결해야 한다.

- "오늘도 행복하세요!" → "오늘도 행복하게 보내세요!"
- "날마다 건강하세요!" → "날마다 건강하게 지내세요!"

| 동사 | | 형용사 | |
|---|---|---|---|
| 쟤가 밥을 먹는다. | ○ | 교실이 조용하다. | ○ |
| 쟤가 밥을 먹는구나! | ○ | 교실이 조용하구나! | ○ |
| 쟤가 밥을 먹느냐? | ○ | 교실이 조용하냐? | ○ |
| 얘야, 밥을 먹어라. | ○ | 얘야, 조용해라. | × |
| | | 얘야, 조용히 해라. | ○ |
| 얘야, 밥 좀 먹자. | ○ | 얘야, 조용하자. | × |
| | | 얘야, 조용히 하자. | ○ |

# 샤부샤부와
# 케사디야

방송에서 들은 개그퀴즈.

"세상에서 가장 야한 음식은?"

"버섯!"

"오이 무덤의 비문은?"

"오이무침!"

"사자를 끓인 국은?"

"동물의 왕국!"

먹는 음식으로 장난치지 말라 했는데…. 아무튼 사람이 살아가면서 먹을거리만큼 중요한 것도 드물다. '먹고살다'는 한 단어로 '생계를 유지하다'라는 의미로 쓰인다. 어쩌면 의식주 가운데서 제일 중요한 게

'식(食)'이 아닐까 생각한다. 그래서 북한에선 우리와 다르게 '식의주'로 쓰는지도 모르겠다. 그게 의식주보다 더 합리적인 표현이 아닐까 싶다.

## ▋ '샤부샤부'와 '케사디야'

가락시장 신축 건물에 큼지막한 플래카드가 눈에 들어왔다. 거기에는 '샤브샤브'라고 적혀 있었다. '샤브샤브'는 '샤부샤부'로 써야 바른 표기이지만 제대로 쓰인 메뉴는 찾아보기 어렵다. 왜 음식 맛 떨어지게 음식 이름 갖고 트집 잡느냐고 항의할지도 모른다. 그런데 어쩌겠나. 그게 내 소중한 직업인 것을…. 어디서든 음식 이름이 어문규범에 맞지 않으면 알아서 눈으로 슬금슬금 들어오는데 어떡하겠나.

멕시코 음식인 'quesadilla'는 '퀘사딜라', '케사딜라', '퀘사디야', '케사디야' 등으로 다양하게 부르고 있어서 정확한 발음을 찾기가 어려웠다. 그래서 유튜브에서 발음을 한 번 찾아봤다. 궁금하면 한 번 들어보시길….

https://www.youtube.com/watch?v=434rZk9QS1E

유튜브에 공개된 이 영상에서 들어봤더니 발음이 '케사딜라'도 아니고 '퀘사디야'도 아닌 '케사디야'라는 걸 확인할 수 있었다. 아무튼 음식 이름을 트집 잡았으므로 이참에 생각나는 음식 이름을 다루면서 침이나 좀 삼켜 보는 건 어떨지….

# 음식 이름 바른 표기

| 틀린 표기 | 바른 표기 |
|---|---|
| 가쯔오부시/가츠오부시 | 가쓰오부시 |
| 그라탕 | 그라탱 |
| 까나페 | 카나페 |
| 까페라떼 | 카페라테 |
| 나쵸 | 나초 |
| 뇨끼 | 뇨키 |
| 덴뿌라 | 튀김 |
| 또띠야 | 토티야 |
| 라따뚜이 | 라타투이 |
| 리조또 | 리소토 |
| 만두국 | 만둣국 |
| 바깔라 | 바칼라 |
| 브리또 | 부리토 |
| 빠에야 | 파에야 |
| 샤브샤브 | 샤부샤부 |
| 서더리탕 | 서덜탕 |
| 세꼬시 | 뼈째회 |
| 순대국 | 순댓국 |
| 스프 | 수프 |
| 아스파라가스 | 아스파라거스 |
| 이면수 | 임연수어 |
| 쭈꾸미 | 주꾸미 |
| 쵸코파이 | 초코파이 |
| 캬라멜 | 캐러멜 |
| 퀘사딜라 | 케사디야 |
| 크로와상 | 크루아상 |
| 타코야끼 | 다코야키 |
| 타마메시 | 다마메시 |

# 쪼까꼬깝쏘이

"문장 끝에서 어떤 때 '할껄'로 쓰고 어떤 때 '할걸'로 써요?"

가끔 수강생들에게서 이런 질문을 받는다. 사실 '할껄'로 쓰는 경우는 없다. '할껄'뿐만 아니라 '할께', '할꺼나', '할꺼야' 모두 '할걸', '할게', '할거나', '할∨거야'로 적어야 맞는 표현이다.

왜 그렇게 적느냐고 되묻기도 하는데 그때마다 종결어미로 쓰일 때는 'ㄹ걸', 'ㄹ게', 'ㄹ거나'로 써야 하기 때문이라고 설명하곤 한다. 단지 '할∨거야'의 '거'는 의존명사 '것'의 구어적 표현이다. 따라서 '거'는 의존명사이므로 띄어 써야 한다.

## ■ 이렇게 쓰면 틀린다.

- 네가 직접 와야 할껄.
- 기다려. 내가 지금 갈께.
- 온다더니 올꺼나 말꺼나.
- 아마도 오지 않을 꺼야.

## ■ 이렇게 쓰면 맞는다.

- 네가 직접 와야 할걸.
- 기다려. 내가 지금 갈게.
- 온다더니 올거나 말거나.
- 아마도 오지 않을 거야.

그렇다면 문장 끝에서 된소리(경음)로 쓰이는 종결어미로는 어떤 게 있을까?

쉽게 익히려면 이 말이 도움을 줄 것이다.

쪼까꼬깝쏘이

이 문장에서 '까꼬깝쏘'만 된소리 종결어미라고 보면 된다. 이들이 문장에서 '하다'의 어간 '하-'와 결합해 어떻게 표현되는지 살펴보자.

- 과연 이익을 보기나 <u>할까</u>?

- 도대체 이 일을 <u>어찌할꼬</u>!

- 제가 <u>처리할깝쇼</u>?

- 그렇게까지 <u>할쏘냐/쏜가</u>.


이것만 기억하시라!


'쪼까꼬깝쏘이!'→'까꼬깝쏘'


사실 '쪼까'나 '꼬깝쏘'는 표준 표현이 아니다. '쪼까'는 '조금'의 사투리이고 '꼬깝다'는 '고깝다'의 비표준어이며 '꼬깝쏘'는 '고깝소'의 비표준어이다. 오해하지 마시라. 표준 표현이 아니지만 기억용 도구로 사용했을 뿐이다!

# 커녕, −ㄹ수록, −ㄹ뿐더러, 제−

제∨15회 총회까지 역대 회장 모두 게으르기는∨커녕 겪어 볼∨수록 부지런할∨뿐더러 정직하기도 했다.

우리말에서 '조사'와 '어미', '접사'는 붙여 쓰도록 규정하고 있다. 그런데 어떤 것들은 모양이 '의존명사'와 같거나 비슷해서 헷갈릴 때가 많다. 위에 적은 예시문은 사람들이 일상적으로 많이 틀리는 4가지 요소를 넣어 만든 것이다. 아래처럼 고쳐 쓰면 띄어쓰기 규칙에 맞는 문장이 된다.

제15회 총회까지 역대 회장 모두 게으르기는커녕 겪어 볼수록 부지런할뿐더러 정직하기도 했다.

## ■ 제∨15회/제15회

'제-'는 대다수 한자어 수사 앞에 붙어 '그 숫자에 해당되는 차례'의 뜻을 더하는 접두사이므로 '제15회'처럼 붙여 써야 한다. 숫자를 나타내는 말 앞에 붙어 '몇', '여러', '약간'의 뜻을 더하는 접두사 '수-'도 띄어 쓰는 오류가 많이 발견된다. 띄어 써야 하는 관형어 '몇'의 쓰임과 혼동해서 오는 오류가 많다.

- 수년간/몇∨년간, 수십 명/몇∨십 명

## ■ 게으르기는∨커녕/게으르기는커녕

'게으르다'의 어간 '게으르-'에 명사 구실을 하게 만드는 어미(전성어미) '-기'와 결합하면 명사형인 '게으르기'가 된다. 여기에 조사 '는'과 조사 '커녕'이 붙은 형태이므로 '게으르기는커녕'처럼 붙여 써야 한다. 이 말을 줄여 '게으르긴커녕'으로도 쓰이는데 이때는 조사 'ㄴ'에 조사 '커녕'이 붙은 형태이다.

- 밥커녕 죽도 못 먹었다.
- 밥은커녕 죽도 못 먹었다.
- 밥을 먹기는커녕 죽도 못 먹었다.
- 밥을 먹긴커녕 죽도 못 먹었다.

## ▌겪어 볼∨수록/겪어 볼수록

보조동사 '보다'의 어간 '보-'에 어미 '-ㄹ수록'이 붙은 형태이므로 '볼수록'처럼 붙여 써야 한다. 의존명사 '수'의 쓰임과 혼동될 때 나타나는 띄어쓰기 오류이다.

- 이것은 겪어 볼수록 흥미를 느낄∨수 있는 경험이다.

## ▌부지런할∨뿐더러/부지런할뿐더러

'부지런하다'의 어간 '부지런하-'에 어미 '-ㄹ뿐더러'가 붙은 형태로, '부지런할뿐더러'처럼 붙여 써야 한다. 의존명사 '뿐'과 혼동될 때 나타나는 띄어쓰기 오류이다.

- 그는 부지런할뿐더러 겸손하기까지 한 직원이다.
- 그는 부지런할∨뿐∨아니라 겸손한 사람이다.

'제-'는 접사, '는커녕'은 조사이며 '-ㄹ수록'과 '-ㄹ뿐더러'는 모두 어미이다. 무조건 붙여 쓰면 된다. 조사와 어미, 접사는 붙여 써야 한다는 게 우리말 규칙이기에….

# 패어와 팬,
# 데어와 덴

'비가 많이 온 뒤에 운전대를 잡고 비포장도로를 달리다 보면 곳곳에 패여 있는 구덩이를 만나게 된다. 이처럼 패인 도로를 지날 때는 속도를 줄여 통과하는 게 좋다.'

## ■ 패어/팬

위 문장에서 '패여 있는'은 '패어 있는'이나 '파여 있는'이라고 고쳐 적어야 맞는 표현이다. 또 '패인 도로'도 '팬 도로'나 '파인 도로'라고 고쳐 써야 맞는 표현이다.

동사 '파다'에 피동형을 만드는 접사 '-이'를 붙이면 '파이다'가 되고 이를 줄여 쓰면 '패다'가 된다. '파이다'나 '패다'는 각각 '파이어', '패어', '파인', '팬'으로 활용된다. 따라서 '패여'나 '패인'은 잘못된 표현이다.

- 파여 있는 도로를 통과할 땐 속도를 줄여야 한다.

  = 패어 있는 도로를 통과할 땐 속도를 줄여야 한다.
- 파인 도로를 지날 땐 속도를 줄여야 한다.

  = 팬 도로를 지날 땐 속도를 줄여야 한다.

## ▌데어, 덴

'손이 물에 데였을 때는 데인 부분에 얼음을 갖다 대는 것은 오히려 피부에 손상만 준다고 합니다.'

위 문장에서 '데였을 때'는 '데었을 때'나 '뎄을 때'라고 고쳐 적어야 문법에 맞는 표현이 된다. '데인 부분'도 '덴 부분'으로 고쳐 써야 한다. 동사 '데다'는 '데니', '데어', '덴' 등으로 활용된다. 따라서 '데여'나 '데인'은 잘못된 표현이다.

- 물에 데였을 때는 응급처치가 필요하다.(×)
- 물에 데었을 때는 응급처치가 필요하다.(○)
- 물에 뎄을 때는 응급처치가 필요하다.(○)

"덴 데 털 안 난다." 이는 한 번 크게 실패하면 다시 일어나기 어려움을 비유적으로 이르는 속담이다. 이걸 "데인 데 털 안 난다"라고 쓰면 틀리는 표현이다.

# 하려야,
## 할려야, **할래야**

"국회는 여당이 훨씬 많은데 시의회는 완전한 여소야대라서 오 시장이 무슨 일을 <u>할려야</u> 할 수 없다." (오마이뉴스)

"하지만 내가 매일 만나는 사람들은 동료들 밖에 없어 연애를 <u>할래야</u> 할 수가 없다." (스포츠투데이)

두 예문에 나오는 '할려야'와 '할래야'는 표준어 표현이 아니다. 모두 '하려야'라고 적어야 바른 표현이다.

　・할려야 → 하려야
　・할래야 → 하려야

어미 어간 '하-'에 붙은 '-려야'는 '-려고 하여야'가 줄어든 말이다. 따라서 '하려고 하여야'가 줄어들면 '하려야'가 되는 것이다. 결코 '할려야'나 '할래야'로 활용될 수 없다. 여기서 '할려야'가 되려면 '-ㄹ려야'라는 어미가 있어야 하는데 그런 게 없다. 표준국어대사전에도 비표준어로 올라 있다. 또 '할래야'가 되려면 '-ㄹ래야'라는 어미가 있어야 하지만 그것도 우리말에는 아예 없다. 나중에 표준어로 추가된다면 모를까 현재까지는 쓸 수 없는 표현이다. 그래서 '할래야'는 안 되는 것이다.

그런데 '-래야'라는 어미가 따로 있긴 하나 의미가 전혀 다르게 쓰이고 있다. 이 '-래야'는 '-라고 해야'의 줄임 표현이다. 절대로 '-려고 해야'의 줄임 표현이 아니다.


- 친구라고 해야 너뿐이다.
- 친구래야 너뿐이다.


의도나 욕망을 나타내는 연결어미 '-려고/려야'나 '-으려고/으려야'의 쓰임은 간단한 규칙에 따라 활용된다.

## ▊ 받침이 없거나 받침이 'ㄹ'이면 '-려고/려야'를 쓴다.


- 하다　　→ 하-려고/려야　　→ 하려고, 하려야
- 자다　　→ 자-려고/려야　　→ 자려고, 자려야
- 만들다　→ 만들-려고/려야　→ 만들려고, 만들려야

- 흔들다 → 흔들-려고/려야 → 흔들려고, 흔들려야

## ■ 'ㄹ' 외의 받침에는 '-으려고/으려야'를 쓴다.

- 찾다 → 찾-으려고/으려야 → 찾으려고, 찾으려야
- 먹다 → 먹-으려고/으려야 → 먹으려고, 먹으려야
- 웃다 → 웃-으려고/으려야 → 웃으려고, 웃으려야

교열하면서 문서에서 자주 발견된 활용 오류를 몇 가지만 적어 본다.

- 뗄래야 뗄 수 없다 → 떼려야 뗄 수 없다
- 쉴래야 쉴 수도 없다 → 쉬려야 쉴 수도 없다
- 죽을래야 죽을 수도 → 죽으려야 죽을 수도
- 할래야 할 수 없다 → 하려야 할 수 없다

# 형용사 발목 잡는 니은(ㄴ)

대학로에서 진행했던 삼박자 글쓰기 강좌를 수강했던 분이 휴대전화에 질문 메시지를 남겼다.

"안녕하세요, 박○○입니다. 갑자기 헷갈리는 게 있어서 여쭤 보려고 연락드렸습니다. 성경 구절에 보면 '하시니라'라는 표현과 '하시느니라'라는 표현이 둘 다 나옵니다. 그런데 사전을 찾아보니 '-니라'와 '-느니라'가 뜻은 거의 비슷한데…."

## ■ '-니라'와 '-느니라'

교인들이 (다 그런 건 아니지만) 밥 먹듯 읽는 성경구절에도 문법이 숨어 있다.

요즘 일상에서는 거의 쓰이지 않는 예스러운 표현 '-니라'와 '-느니라'

는 용언의 어간과 결합되는 종결어미이다. 여기에서 '-느-'가 있고 없고
는 선행하는 어간이 동사인지, 형용사인지를 밝혀 준다. 여기에서 '-느-'
의 쓰임이 동사 어간에는 상관없지만 형용사 어간에는 제한을 받는다.
형용사에는 '-느-'가 쓰이지 않는다는 말이다.

> ㄱ. 하나님은 수면에 운행하시니라.(동사/현재형)
>
> ㄴ. 하나님은 수면에 운행하시느니라.(동사/진리)
>
> ㄷ. 그는 선하시니라.(형용사)
>
> ㄹ. 그는 선하시느니라.(× 형용사)

예문 'ㄱ'과 'ㄴ'(동사), 'ㄷ'(형용사)은 가능한 표현이지만 'ㄹ'(형용사)
은 잘못된 표현이다.

## ■ '-구나'와 '-는구나'

'-느-' 외에도 '-는-'이 선행어의 품사를 구분 짓는 기능을 한다는 것
도 알아두면 도움이 된다. '-구나'와 '-는구나'는 품사가 동사인지, 형용
사인지 구분하는 잣대로 활용할 수 있다. 여기에서 '-는구나'와 결합해
어울리면 동사로, 어색하면 형용사로 보면 된다. 형용사 어간은 '-는-'
과 결합하지 않기 때문이다.

> • 먹다(동사): 길동이가 밥을 먹는구나(○).

- 젊다(형용사): 길동이가 아직 젊는구나(×)/젊구나(○).

## ■ '않은'과 '않는'

이번에는 '-지 않다' 형태로 쓰이는 보조용언 '않다'와 결합되는 어미 '-은'과 '-는'도 비슷한 원리로 작용한다. 보조동사로 쓰일 때는 '-지 않은'이나 '-지 않는' 모두 쓸 수 있지만 보조형용사로 쓰이면 '-지 않은'만 쓰이고 '-지 않는'은 쓰이지 않는다.

- 샤워를 하지 않은 사람은 탕에 들어가지 마시오.(보조동사)
- 샤워를 좋아하지 않는 사람은 다른 사람과 어울리기를 꺼려요.(보조동사)
- 토론에서 자기주장만 내세우는 것은 옳지 않은 일이다.(보조형용사)
- 그것은 생각만큼 쉽지 않은 일이다.(보조형용사)

결국 자음 'ㄴ'이 형용사의 발목을 잡는다고 해도 과한 말은 아니다!

**2**

# 세트로 익히는 우리말

# 가볍게 비교하는
# 단어 14

이쯤에서 읽고 계신 분들이 피곤을 덜 수 있도록 정말 가볍게 엮어 보았다. 독자 스스로 엮어 볼 수 있다는 걸 알려드릴 겸 '말놀이'하듯 수다 좀 떨어 보려고 한다. 여기에 실은 단어 쌍은 오다가다, 사전 뒤적이다, 대화하다, 잠들기 전에 한두 개 걸린 걸 버리지 않고 모은 것이다. 별거 아니긴 한데, 그래도 버리기는 아까운 메모들이다. 기분 전환의 기회가 되기를 바라는 마음으로 적는다.

:: 눈에 뵈는 거지꼴은 거짓꼴?

• 거지꼴=거지와 같은 초라한 모양.

• 거짓꼴=거짓으로 꾸민 모양('거짓꼴'의 받침 시옷은 사이시옷이 아니다!).

## :: 외곬으로만 살아온 외골수

- 외곬=단 하나의 방법이나 방향('외곬으로'는 '외골쓰로'로 소리난다!).
- 외골수=단 한 곳으로만 파고드는 사람.

## :: 매무새를 매무시하라!

- 매무새=옷, 머리 따위를 수습하여 입거나 손질한 모양새.
- 매무시=옷을 입을 때 매고 여미는 따위의 뒷단속.

## :: 간간이 와서 간간히 굴기는?

- 간간(間間)이=이따금.
- 간간(侃侃)히=꼿꼿하고 굳센 성품이나 마음으로.

## :: 나뭇조각에 조각하면 나무조각

- 나뭇조각=나무+ㅅ(사이시옷)+조각.
- 나무조각(彫刻)=목조각(木彫刻).

## :: 머리 속을 알 수 없어 복잡한 머릿속

- 머리 속=머리의 안쪽 부분.
- 머릿속=뇌리(腦裏).

## :: 뱃속이 검은 사람의 주린 배 속

- 뱃속='마음'의 속된 표현.

- 배 속=배(腹)의 안쪽 부분.

## :: 첫눈 맞은 사람과 맞은 첫눈

- 첫눈1=처음 보아서 눈에 뜨이는 느낌이나 인상(first sight).

- 첫눈2=처음 내리는 눈(first snow).

## :: 가지가지에 열린 가지가지 열매

- 가지가지1=가지마다.

- 가지가지2=갖가지.

## :: 내다볼 곳이라곤 창문 밖밖에 없다.

- 밖=[명사] 한데, 바깥(앞말과 띄어 쓴다!)

- 밖에=[조사] 그것 말고는(앞말에 붙여 쓴다!)

## :: 오늘은 청소함을 청소함.

- 청소함1=청소 도구를 넣어 두는 함.

- 청소함2='청소하다'의 명사형('ㅁ'은 명사형을 만드는 전성어미).

## :: 걷어붙이든가 벗어부치든가.

- 붙이다=붙다(맞닿다)의 사동사.

- 부치다=보내다(비밀에 ~, 편지를 ~, 투표에 ~).

:: 시작을 시작하다.

- 시작(詩作)=시를 지음.

- 시작(始作)=처음 단계를 이루거나 그렇게 하게 함.


:: 시청에서 TV를 시청하다.

- 시청(市廳)=시 청사.

- 시청(視聽)=눈으로 보고 귀로 들음.

# 무하다,
## 배추하다 16

몇 년 전 캄보디아에 잠시 머무는 동안 프놈펜 현지 청년들이 풋내가 가시지 않은 싱싱한 망고를 내 왔다. 제대로 익지 않아서 그런지 맛은 별로 없었다. 일행 모두가 한 입 베물다 말고 내려놓았다. 이를 지켜보던 한 청년이 남은 망고 조각들을 모두 비닐봉지에 담아 승합차 안으로 들이밀었다.

앙코르와트에 도착해 보니 비닐봉지에 들어 있던 망고 조각이 어느새 노랗게 익어 있었다. 망고가 그렇게 맛있는 과일인 줄 그때 처음 알았다. 하지만 그 이후 다시는 그때 그 망고 맛을 볼 수 없기에 아쉬울 뿐이다.

우리말에서 '연을 날릴 때 얼레의 줄을 남김없이 전부 풀어 주다'라는 의미로 '망고하다'라는 동사가 있다. 그래서 '마지막이 되어 끝판에 이르다'라는 의미로 쓰이기도 한다. 과일이나 채소 이름과 모양이 닮은 어근에 접사 '-하다'가 붙은 용언을 몇 가지 뽑아 가볍게 눈요기로 올려 본다.

· 감자하다: 회사의 자본 총액을 줄이다.

· 감하다: 줄이거나 적게 하다.

· 고추하다: 사실에 맞는가 맞지 않는가를 비교하여 생각하다.

· 대추하다: 가을을 기다리다.

· 망고하다: 어떤 것이 마지막이 되어 끝판에 이르다.

· 매실매실하다: 사람이 되바라지고 반드러워 얄밉다.

· 무하다: 이익을 보고 팔려고 물건을 이것저것 몰아서 사다.

· 박하다: 마음 씀이나 태도가 너그럽지 못하고 쌀쌀하다.

· 배추하다: 지위가 높거나 귀한 사람 앞에 공손하게 총총걸음으로 나아
  가다.

· 배하다: 조정에서 벼슬을 주어 임명하다.

· 사과하다: 자기의 잘못을 인정하고 용서를 빌다.

· 수박하다: 붙잡아 묶다.

· 자몽하다: 졸릴 때처럼 정신이 흐릿한 상태이다.

· 파하다: 어떤 일을 마치거나 그만두다.

· 포도하다: 도둑을 잡다.

· 호박하다: 크고 넓다.

# 문장 이해
## 4-5-6-7-8

옥스퍼드영어사전에 수록된 60만 개 영어 표제어 가운데 가장 긴 단어는 45글자로 이루어진 'Pneumonoultramicroscopicsilicovolcanoco niosis(뉴모노울트라마이크로스코픽실리코볼케이노코니오시스)'라고 한다. '주로 화산에서 발견되는 아주 미세한 규소 먼지를 흡입하여 허파에 쌓여 생기는 만성 폐질환'을 뜻하는데 우리말로는 '진폐(증)·폐진증' 또는 '규성 진폐증'이라 한다. 우스갯소리로 정말 긴 단어는 'smiles'라고 하기도 한다. 's'와 's' 사이 거리가 무려 1마일이니까 그렇단다. 웃자고 하는 얘기.

이론적으로 문장의 길이는 무한대이다. 특히 우리말 문장은 단어를 연결하는 접속조사와 문장을 연결하는 연결어미를 무한히 사용할 수 있기 때문이다. 지나치게 길게 쓴 문장은 아무 짝에도 쓸모없다. 문장은 쉽게 그리고 짧고 간결하게 써야 독자에게 읽힌다. 짧고 간결해야 쉽게 읽고 쉽게 이해할 수 있다. 달리 말하면 가독성(readability)이 높아진다. 글쓰기에는 키스(KISS)라는 이론이 있는데 '간결하고 짧게 쓰라(Keep It Simple and Short)'는 것이다.

문장이란 생각이나 감정을 표현할 때 완결된 내용을 말과 글로 나타내는 최소 단위이다. 문장에서 '완결된 내용'을 나타내려면 문장성분의 배치나 구조, 서술 형식 등이 바르게 이루어져야 한다. 그래서 막연히 문장에는 몇 가지 종류가 있느냐고 묻는 것은 의미가 없다.

문장을 이해할 수 있는 4가지 문장 형태, 5가지 문장 서법, 6가지 문장 형식, 7가지 문장 성분, 8가지 문장 구조를 차례로 익혀 보도록 하자.

## ▌4가지 문장 형태

### :: 능동형과 피동형

① 나는 창문을 열고 멀리 사라지는 그 사람을 <u>보았다</u>. (능동형)
② 안경을 써서 그런지 멀리 사라지는 그 사람이 잘 <u>보였다</u>. (피동형)

주체가 자발적으로 움직이는 동사(보다)를 사용한 문장은 능동형 문장이며 남의 행동을 입어서 움직이는 동사(보이다)를 사용한 문장은 피동형 문장이다. 글을 쓸 때 피동형 문장을 남발하는 것은 바람직하지 않다. 우리말에서는 피동 표현이 자연스럽지 않기 때문에 웬만한 피동형 문장은 능동형 문장으로 고쳐 쓰는 것이 바람직하다. 주어가 무정명사이면 주로 피동형 문장이 되기 때문이다.

우리말에서는 부득이한 경우를 제외하고 무정명사를 주어 자리에 앉히면 어색한 표현이 될 때가 많다. 흡사 주인이 앉아야 할 자리에 손님을 앉히는 격이라서 그럴 것이다. 그래도 어쩔 수 없이 피동형을 써야 할 때가 많다.

학교 다닐 때 국어시간에 누구나 한 번쯤은 '이, 히, 리, 기, 우, 구, 추'라는 말을 들어봤을 것이다. 문법 용어를 빌리면 이 7가지가 접미사인데 그중에서 '이, 히, 리, 기' 4 가지는 '피동 형성 접미사'라 하고 '이, 히, 리, 기'에다 '우, 구, 추'를 더한 7가지를 '사동 형성 접미사'라고 한다. 능동사에 '이, 히, 리, 기'를 덧붙이면 피동형 문장이 된다.

- 강에서 물고기를 낚다. → 강에서 물고기가 낚이다.
- 바다에서 물고기를 잡다. → 바다에서 고기가 잡히다.
- 개가 사람을 물다. → 사람이 개에게 물리다.
- 엄마가 아기를 안다. → 아기가 엄마에게 안기다.

또 '이, 히, 리, 기' 외에도 접미사로 쓰이는 '-되다'나 보조동사 '-(어)지다'가 쓰여 피동형 문장을 이루기도 한다.

| -되다 | -(어)지다 |
| --- | --- |
| 가결하다 → 가결되다 | 보태다 → 보태어지다 |
| 사용하다 → 사용되다 | 늦추다 → 늦춰지다 |
| 형성하다 → 형성되다 | 만들다 → 만들어지다 |
| 준비하다 → 준비되다 | 받들다 → 받들어지다 |
| 구성하다 → 구성되다 | 느끼다 → 느껴지다 |

③ 아이가 밥을 <u>먹는다</u>. (주동)

④ 아이에게 밥을 <u>먹인다</u>. (사동)

문장 주체 스스로의 동작을 나타내는 동사(먹다)를 사용한 문장은 주동형 문장이며 남에게 그 행동이나 동작을 하게 하는 동사(먹이다)를 사용한 문장은 사동형 문장이다. 주로 접미사 '이, 히, 리, 기, 우, 구, 추'가 주동사와 결합되면서 사동사가 만들어진다.

| 이 | 히 | 리 | 기 | 우 | 구 | 추 |
|---|---|---|---|---|---|---|
| 먹다 →먹이다 | 앉다 →앉히다 | 걷다 →걸리다 | 숨다 →숨기다 | 깨다 →깨우다 | 달다 →달구다 | 맞다 →맞추다 |

사동형 문장 역시 접미사 '이, 히, 리, 기, 우, 구, 추'와의 결합이 자연스럽지 않을 때는 접미사 '-시키다' 또는 보조동사 '-게 하다' 형식의 종결로 표현할 수 있다.

| -시키다 | -게 하다 |
|---|---|
| 교육하다 → 교육시키다 | 숙제를 하다 → 숙제를 하게 하다 |
| 등록하다 → 등록시키다 | 노래를 부르다 → 노래를 부르게 하다 |
| 복직하다 → 등록시키다 | 청소하다 → 청소하게 하다 |
| 오염하다 → 오염시키다 | 새가 날다 → 새가 날게 하다 |
| 이해하다 → 이해시키다 | 건물을 짓다 → 건물을 짓게 하다 |

문장에서 의미에 따라 피동과 사동이 구분되긴 하지만 쉽게 구분하는 방법이 있다.

피동형인지 사동형인지 구분하는 가장 쉬운 방법은 문장에서 목적어가 있는지를 살펴보는 것이다. 목적어가 있으면 사동형 표현으로 볼 수 있다.

- 그녀의 눈에 사람이 보였다. (피동형)
- 그녀는 내 앞에서 눈물을 보였다. (사동형)

우리말에서 능동형과 피동형, 주동형과 사동형 표현을 쉽게 구분할 수 있도록 간단히 정리했다.

| 능동/주동 | 제 힘으로 움직임 | 깎다 | 먹다 |
|---|---|---|---|
| 피동 | 다른 힘으로 움직임 | 깎이다 | |
| 사동 | 다른 대상을 움직임 | | 먹이다 |

그런데 '이, 히, 리, 기'와 함께 '-되다'나 '-(어)지다'가 결합되면 피동형 표현이 겹치는 문장 즉, 이중 피동문이 된다. 이중 피동형 표현은 삼가야 한다.

| 놓다(능동) | 동네 사람들이 마을 앞에 다리를 놓았다. |
|---|---|
| 놓이다(피동) | 마을 앞에 다리가 놓였다. |
| 놓여지다(이중 피동) | 마을 앞에 다리가 놓여졌다. (놓+이+어지다) |

'깎여지다', '막혀지다', '뚫려지다', '심겨지다', '비쳐지다' 같은 낱말도 모두 이중 피동형으로, 삼가야 할 표현이다.

:: 사동형 피동

그러나 이중 피동문과 사동형 피동문은 형태는 비슷하지만 다르다. 다시 말해 '이, 히, 리, 기' + '-어지다' 형태의 표현이 모두 이중 피동문은 아니란 말이다. 아래 예에서 보여주는 사동 형성 접사(이, 히, 리, 기, 우, 구, 추)에 피동 표현 '-어지다'가 결합된 것은 이중 피동이 아니다. 사동형 피동이라고 해야 옳다. 이들은 이중 피동처럼 삼가야 할 표현이 아니다. 써도 된다.

| 능동/주동형 | 사동형 | 사동형 피동 |
|---|---|---|
| 붙다 | 붙이다 | 붙여지다 |
| 넓다 | 넓히다 | 넓혀지다 |
| 알다 | 알리다 | 알려지다 |
| 맡다 | 맡기다 | 맡겨지다 |
| 비다 | 비우다 | 비워지다 |
| 달다 | 달구다 | 달궈지다 |
| 맞다 | 맞추다 | 맞춰지다 |

# 5가지 문장 종류

문장의 내용에 화자의 심적 태도를 나타내는 동사의 어형 변화를 서법(敍法, mood)이라고 한다. 영미어에서는 '직설법', '명령법', '가정법'으로 분류하지만 국어에서는 '평서법', '의문법', '감탄법', '명령법', '청유법'을 인정한다. 이 서법에 따라 5가지로 분류되며 문장 끝 종결어미로 실현된다.

| | |
|---|---|
| ① 평서문 | 화자가 사건의 내용을 객관적으로 진술하는 문장이다. |
| | 평서형 어미로 끝맺는다. |
| | ·길동이가 공부한다. |
| ② 의문문 | 화자가 청자에게 질문을 하여 그 해답을 요구하는 문장이다. |
| | 의문형 어미로 문장을 끝맺는다. |
| | ·길동이가 공부하니? |
| ③ 감탄문 | 화자가 청자를 별로 의식하지 않거나 거의 독백 상태에서 자기의 느낌을 표현하는 문장이다. 감탄형 어미로 문장을 끝맺는다. |
| | ·길동이가 공부하는구나! |
| ④ 명령문 | 화자가 청자에게 무엇을 시키거나 행동을 요구하는 문장이다. |
| | 명령형 어미로 끝맺는다. |
| | ·길동아, 공부 좀 해라. |
| ⑤ 청유문 | 화자가 청자에게 같이 행동할 것을 요청하는 문장이다. |
| | 청유형 어미로 문장을 끝맺는다. |
| | ·길동아, 공부하자. |

## ■ 6가지 문장 형식

우리말 문장은 문장성분 조합에 따라 6가지 형식으로 분류할 수 있다. 6가지 형식은 ①주어+자동사 ②주어+목적어+타동사 ③주어+보어+동사(되다) ④주어+형용사 ⑤주어+체언(이다) ⑥주어+보어+형용사(아니다)를 가리킨다. 여기서 알 수 있듯 서술어가 '되다'나 '아니다'일 때만 '보어'가 동반된다.

| ① 주어 | | | 자동사 | 길동이가 잔다. |
|---|---|---|---|---|
| ② 주어 | 목적어 | | 타동사 | 길동이가 책을 읽는다. |
| ③ 주어 | | 보어 | 되다 | 길동이가 교사가 된다. |
| ④ 주어 | | | 형용사 | 길동이는 멋있다. |
| ⑤ 주어 | | | 이다 | 길동이는 학생이다. |
| ⑥ 주어 | | 보어 | 아니다 | 길동이는 교사가 아니다. |

## ■ 7가지 문장 성분

문장을 구성하는 성분은 7가지이다. 주성분은 주어, 서술어, 목적어, 보어이고 부속성분은 관형어, 부사어이며 독립성분은 독립어이다. 문장에 따라 부사어가 빠지면 어색한 경우가 있다. 그때 꼭 넣어야 하는 부사어를 필수부사어라고 하며 주어, 서술어, 목적어, 보어와 함께 '문장 필수 성분'이라고 한다.

| 주성분 | ①주어* ②서술어* ③목적어* ④보어* | |
|---|---|---|
| 부속성분 | ⑤관형어 ⑥부사어(필수 부사어*) | *는 '문장 필수 성분' |
| 독립성분 | ⑦독립어 | |

## ■ 8가지 구조

주어와 서술어가 몇 쌍 있느냐에 따라 단문과 복문으로 나뉜다. 단문은 주어와 서술어가 각각 하나씩 있어서 둘 사이의 관계가 한 번만 이루어지는 문장이다. 복문은 두 쌍 이상이 서로 이어지거나 겹쳐 있는 문장이다.

또 복문은 접속문(이은문장)과 내포문(안은문장)으로 나눌 수 있다. 접속문은 등위접속문과 종속접속문 등 2가지, 내포문은 명사절 내포문, 관형절 내포문, 부사절 내포문, 서술절 내포문, 인용절 내포문 등 5가지이다. 문장은 구조에 따라 단문, 등위접속문, 종속접속문, 명사절 내포문, 관형절 내포문, 부사절 내포문, 서술절 내포문, 인용절 내포문 등 8가지이다.

| 단문 | | | ①토끼와 거북이가 경주를 했다. |
|---|---|---|---|
| 복문 | 접속문 | 등위접속문 | ②토끼는 달리고/거북이는 걸었다. |
| | | 종속접속문 | ③토끼가 지나가도록/거북이는 길을 비켜주었다. |
| | 내포문 | 명사절 내포문 | ④토끼는 거북이가 쫓아오기를 기다렸다. |
| | | 관형절 내포문 | ⑤거북이는 걸음이 빠른 토끼를 바라보았다. |
| | | 부사절 내포문 | ⑥토끼는 거북이가 가까이 오자 함께 걸었다. |
| | | 서술절 내포문 | ⑦토끼와 거북이는 사이가 좋아졌다. |
| | | 인용절 내포문 | ⑧토끼와 거북이는 "우리는 친구야!"라고 말했다. |

# 백세 인생
# 기념일 7

"100세에 저세상에서 날 데리러 오거든/좋은 날 좋은 시에 간다고 전
해라!"

늦깎이 가수 이애란의 노래 "백세인생"의 가사에서 따온 것이다. 이 노
래가 세간에 "~고 전해라"라는 유행어를 탄생시키기도 했다. 요즘 100세
인생이라고들 한다. 나이의 마디를 넘을 때마다 가족이나 지인들이 뜻
있는 행사를 마련해 축복한다. 그런 마디마다 한자어로 된 이름이 있다.

동아일보에서 교열기자로 일하고 있을 때 외부에서 걸려 오는 문의 전
화를 받을 때가 많았다. 주로 맞춤법과 관련한 문의였는데 간혹 색다른
질문을 하시는 분도 많았다. 그중에 특히 88세 기념일은 '미수'라고 알
고 있는데 80세 기념일은 뭐라 불러야 하는지 잘 모르겠다며 가르쳐 달
라는 질문이 의외로 많았다. 꽤 많은 분에게 질문을 받은 것으로 기억한

다. 그 당시 정리해 둔 자료를 참고로 환갑(회갑: 60세) 이후 맞이하는 인생 기념일의 명칭을 유래와 함께 가볍게 적어보기로 한다.

잘 아는 대로 만 60세(우리 나이로 61세) 생일을 환갑(還甲)이라 부른다. 회갑(回甲) 또는 화갑(華甲)이라 하기도 한다. 환갑은 '갑자(甲子), 을축(乙丑)…'으로 헤아려 가는 육십갑자에서 60간지(干支)를 지나 다시 '갑(甲)'으로 되돌아온다는 뜻으로 쓰이는 기념일이다.

70세 기념일을 '고희(古稀)'라 부르는 것은 두보(杜甫)의 곡강시(曲江詩)에 등장하는 '인생칠십고래희(人生七十古來稀)'에서 비롯된 것이다. 예부터 70까지 살기는 힘들다는 데서 유래했을 것이다. 그래서 '희수(稀壽)'로도 쓰인다.

하지만 77세, 80세, 88세, 90세 기념일은 한자를 분해해서(破字, 파자) 억지로 조합한 명칭이 통용되고 있다. 일본어의 잔재로 여기고 있다. 그렇지만 쓰자 말자 하기 전에 한 번 알아나 보는 건 어떨지.

77세 기념일은 기쁠 희(喜)의 이체자(異體字)인 '희(㐂, 또는 기쁠 칠)' 자를 분해하면 '七十七'을 조합할 수 있어서 '희수(喜壽)'라 부르게 된 것이다.

喜 㐂

80세는 우산 산(傘)에서 '八十'을 조합할 수 있어서 '산수(傘壽)'라 부르고 88세는 쌀 미(米)에서 '八十八'을 찾을 수 있어서 '미수(米壽)'라고 한다. 90세는 마칠 졸(卒)의 이체자인 '졸(卆)'에서 '九十'을 찾을 수 있어서 '졸수(卒壽)'로, 99세는 일백 백(百)에서 일(一)을 빼면 흰 백(白)이므로 '백수(白壽)'라고 하는 것이다.

"백세인생"의 노랫말은 60세에서 출발해 100세를 넘어 150까지 흐른다. 지금은 백세인생에 희망을 둔다면 150세 인생도 그리 머지않은 미래의 유행어가 되지 말라는 법이 없다.

## ■ 100세 인생 기념일

| 60세 | 환갑(還甲) 회갑(回甲) 화갑(華甲) |
|------|------------------------------|
| 70세 | 고희(古稀) 희수(稀壽) |
| 77세 | 희수(喜壽) |
| 80세 | 산수(傘壽) |
| 88세 | 미수(米壽) |
| 90세 | 졸수(卒壽/卆壽) |
| 99세 | 백수(白壽) |

# 아버지
## 호칭법 10

애비 없는 호로자식 같으니라구!→ 아비 없는 호래자식/후레자식 같
으니라고!

'애비'는 '아비'의 비표준어이고 '호로자식'은 '호래자식' 또는 '후레
자식'의 비표준어다. '아비 없는 호래자식(후레자식) 같으니라고!'가 바
른 표현이다.

요즘 일상에서 '부(父)'의 이르는 말(명칭)과 부르는 말(호칭) 중에서
제일 많이 쓰이는 단어는 아마도 '아빠'가 아닐까 싶다. 아빠라는 호칭
은 훈민정음 창제 당시에는 없었을지 몰라도 (어떤 이는 1930년대라고
하지만) 언제부터인가 우리말 속에 깊숙이 자리 잡고 있어 수많은 자식
의 입에서 쉽게 오르내린다.

신기하게도 중동의 일부 나라를 비롯해 헝가리, 이탈리아, 인도 등에

서는 아버지 호칭이 우리말과 흡사하게 '아빠'로 발음된다. 가까운 일본에서는 '파파(パパ)'로, 중국에서는 '바바(爸爸)'로 발음한다.

개인적인 생각이지만 아마도 아이가 입을 다물면서 '압', 벌리면서 '바'라고 쉽게 소리 낼 수 있어서 '아빠'라는 단어가 형성된 게 아닌가 생각된다. 그래서 다른 나라 어린이도 우리와 비슷하게 아빠라고 발음하는지도 모르겠다.

아빠, 아비, 아범, 아버지, 아버님, 부친, 선친처럼 한자어 '부(父)'는 이르는 말(지칭), 부르는 말(호칭), 높이는 말(존칭), 낮추는 말(비칭) 등 다양하다. 언제, 어떤 경우에 아빠라 부르고, 아버지라 부르고, 아버님이라 불러야 하는지를 '부름말(호칭)' 중심으로 살펴보려고 한다. 물론 지역과 세대, 가문에 따라 약간의 차이가 있을 수는 있다.

1. 시아버지, 장인어른, 친구의 아버지 앞에서는 '아버님'으로 부르는 게 좋다. 편지 글에서 또는 돌아가신 아버지를 부를 때도 '아버님'이다.

   • (며느리가) 아버님, 식사 준비 다 됐습니다.
   • (자식이) 아버님이 생전에 주신 말씀은 가슴에 새기고 있습니다.

2. 친아버지나 친구의 아버지께는 '아버지'라 불러도 흉이 아니다. 친구의 아버지를 지칭할 때는 '아버지'나 '부친' 두 가지 다 무방하다.

   • 아버지, 바람이 찬데 이제 들어가시지요.

• <u>부친</u> 건강은 여전히 좋으시지?

3. 격식을 갖추지 않아도 될 때(가령 둘만 있을 때)는 자기 아버지를 '아빠'라고 부를 수 있다.

• <u>아빠</u>, 사랑해요!

4. 다른 사람 앞에서는 자신의 아버지를 가리켜 말할 때 '우리 아버지'라고 해야 옳다. 다른 사람(특히 윗분)에게 자기 아버지를 지칭하면서 '우리 아버님'이라고 높이는 것은 바람직하지 않다.

• 선생님, 우리 <u>아버지</u>이십니다.

5. 사위가 장인 앞에서는 '아버님'이라고 부르지만 다른 사람 앞(특히 친아버지 앞)에선 '장인어른'이라고 해야 옳다. 특히 친아버지 앞에서 장인을 지칭할 때 '아버님'이라 부르는 일은 삼가야 한다.

• (친아버지께) 아버지, <u>장인어른</u> 오셨어요!
• (장인어른께) <u>아버님</u>, 들어오십시오.

6. 아내가 다른 사람 앞에서 자기 남편을 지칭할 땐 '○○ 아빠'보다는 '○○ 아버지'가 바른 표현이다. 웃어른 앞에선 '○○ 아비'라고 지칭하는 게 옳다. 그러나 격식을 갖추지 않은 자리에서는 '○○ 아빠'라 부를 수 있다. 그렇다 하더라도 그냥 '아빠'라 부르는 일은 삼가야 한다.

- (아내가) 선생님, 길동이 아버지입니다.
- (며느리가) 어머님, 길동이 아비 왔어요!
- (아내가) 길동 아빠, 이것 좀 내다 줘요!

7. 아버지가 결혼한 아들을 부를 때는 '아비'나 '○○ 아비', '아범'이라는 호칭이 바람직하다.

- (며느리에게) (길동이) 아비 아직 안 들어왔니?
- (아들에게) 아비야, 오늘도 출근하니?
- (며느리에게) 아범은 언제 들어오니?

8. 아버지가 자식에게 자신을 지칭할 때도 '아비'라고 하는 게 옳다.

- (자식에게) 아비가 해줄 말이 없어서 미안하구나.

9. 시아버지가 며느리에게 자기 자식을 지칭할 때는 '아비'보다는 '아범'이 적절하다. '아비'보다는 '아범'이 조금 더 높이는 호칭이기 때문이다.

- (며느리에게) 아가, <u>아범</u> 아직 안 들어왔니?

10. 돌아가신 남의 아버지를 '선친'이라 부르는 것은 경우에 맞지 않다. '아버지' 또는 '부친'으로 불러야 한다. '선친'은 '돌아가신 자기의 아버지'를 가리키는 말이기 때문이다. 자기 선친을 호칭할 때는 '선친께서' 또는 '돌아가신 아버지께서'처럼 표현하면 된다.

- <u>자네 아버지</u>(또는 '자네 부친') 산소가 여기서 가깝다고 했던가?
- <u>저의 선친께서</u> 생전에 좋아하시던 꽃입니다.

# **영어** 이름 표기 **70**

　영어 이름 'Ruth Wajnryb'은 '루스 와인립'일까, 아니면 '루스 완립' 일까? 'Ruth Wajnryb'은 호주 출신 여성 응용언어학자이며 저널리스 트였다. 한국IT산업세계화학회(KIGO)에서 특강을 진행하면서 그의 이름을 어떻게 표기해야 맞을는지 참석자들에게 물어보았다. 대답은 '루스 와인립'과 '루스 완립' 등 두 가지로 갈렸다.

　하는 수 없이 스스로 웹사이트를 찾아다니기 시작했다. 그렇게 웹사 이트를 뒤지다 어느 날 우연히 만난 사이트에서 답을 찾았다. 이름만 입 력하면 발음 구조를 친절하게 보여주는 사이트였다. 흔한 이름은 음성 으로도 들려준다. 이름을 입력해 발음을 확인할 수 있는 사이트이다.

http://www.pronouncenames.com

이 사이트에서 확인해 봤더니 그의 이름은 '루스 완립'이었다.

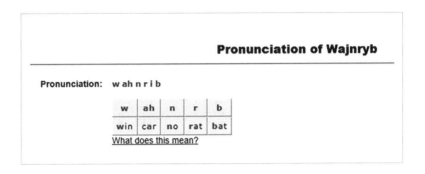

이처럼 외국인의 이름을 한글로 표기한다는 게 쉽지는 않다. 물론 외래어 표기법을 기준으로 외래어 표기 용례(인명)를 참고하면 웬만한 건 찾을 수 있지만 모두 해결되는 건 아니다.

## ▌'마르틴 루터'와 '마틴 루서 킹'

며칠 전 출근길 서울 루터회관 앞에서 종교개혁자 '마르틴 루터'의 동상을 발견했다. 그 길을 자주 다니는 편인데 그 동상을 본 건 그날이 처음이었다. 그런데 동상 아랫부분에 '말틴 루터(Martin Luther, 1483~1546)'라고 새겨져 있었다.

설치 연대를 정확히 알 수 없었지만 만일 이 동상이 외래어 표기법이 확정된 1986년 1월 7일 이전에 세워졌다면 한글 표기가 '말틴'이든, '마르틴'이든 문제 삼을 이유는 없다. 아무튼 현재 적용하고 있는 표기법에는 맞지 않다는 것이다. 독일인이기에 '마르틴 루터'라고 적어야 한다.

그런데 루터의 이름을 빌려 쓴 미국인이 있다. 바로 목사이며 인권운동가였던 'Martin Luther King'이다. 이 사람의 이름은 한글로 '마틴 루서 킹'으로 적어야 한다.

언론사 교열기자들이 국적은 미국인데 태생이 다른 나라인 사람의 이름을 표기할 때는 애를 좀 먹는 편이다. 여기서 그 많은 사람을 다 열거할 수는 없고 이름이 길고 복잡한 한 사람을 예로 들어보기로 한다. 미국 캘리포니아 주지사를 지낸 근육질 몸매의 액션 배우, 'Arnold Schwarzenegger'이다. 그는 현재 미국인이지만 오스트리아 태생이다. 오스트리아는 주로 독일어를 쓰니까 그의 이름을 독일어식으로 표기하면 '아르놀트 슈바르체네거' 정도 되겠지만 미국인이라 영어식으로 '아널드 슈워제네거'로 표기하고 있다.

그런데 미국인 중에서도 자기 이름을 모국어로 발음하는 사람도 있고 영어식으로 발음하는 사람도 있다. 그래서 외국인의 이름을 한글로 표기한다는 게 혼란스러울 뿐만 아니라 결코 쉬운 일이 아니다. 무척 어렵다. 그래서 교열기자들은 외국인 이름 표기 때문에 힘들어 할 때가 많다.

많이 쓰면서도 잘못 표기하기 쉬운 영어 이름을 중심으로 70개를 모아 표를 만들었다. 이것만이라도 익혀 두면 영어 이름의 한글 표기가 헷갈릴 때 유용하게 쓰이리라 믿는다.

# 영어 이름 한글 표기 70선

| 영어 이름 | × | ○ |
|---|---|---|
| Adams | 아담스 | 애덤스 |
| Allen | 알렌 | 앨런 |
| Albert | 알버트 | 앨버트 |
| Alfred | 알프레드 | 앨프리드 |
| Andrew | 앤드류 | 앤드루 |
| Angela | 안젤라 | 앤절라 |
| Anthony | 안토니 | 앤서니 |
| Arnold | 아놀드 | 아널드 |
| Arthur | 아더 | 아서 |
| Ashley | 애쉴리 | 애슐리 |
| Barbara | 바바라 | 바버라 |
| Benjamin | 벤자민 | 벤저민 |
| Bernard | 베르나드 | 버나드 |
| Bryan | 브리안 | 브라이언 |
| Cameron | 카메론 | 캐머런 |
| Calvin | 칼빈 | 캘빈 |
| Caroline | 카롤라인 | 캐럴라인 |
| Catherine | 캐더린 | 캐서린 |
| Daniel | 다니엘 | 대니얼 |
| David | 데이빗 | 데이비드 |
| Deborah | 데보라 | 데버러 |
| Donald | 도날드 | 도널드 |
| Donovan | 도노반 | 도노번 |
| Duncan | 던컨 | 덩컨 |
| Ellen | 엘렌 | 엘런 |
| Elliot | 엘리어트 | 엘리엇 |
| Emmanuel | 엠마누엘 | 이매뉴얼 |
| Francis | 프란시스 | 프랜시스 |

| | | |
|---|---|---|
| Garrett | 가렛 | 개릿 |
| Geoffrey | 지오프리 | 조프리 |
| George | 죠지 | 조지 |
| Gerald | 제럴드 | 제럴드 |
| Harold | 하롤드 | 해럴드 |
| Ian | 이안 | 이언 |
| Immanuel | 임마누엘 | 이매뉴얼 |
| Isaac | 이삭 | 아이작 |
| James | 제임즈 | 제임스 |
| Jacob | 자콥 | 제이컵 |
| Jeremy | 제레미 | 제러미 |
| John | 죤 | 존 |
| Jonathan | 조나단 | 조너선 |
| Jordan | 조단 | 조던 |
| Joseph | 조셉 | 조지프 |
| Karen | 카렌 | 캐런 |
| Karl | 카를 | 칼 |
| Lawrence | 로렌스 | 로런스 |
| Luther | 루터 | 루서 |
| Margaret | 마가렛 | 마거릿 |
| Marilyn | 마릴린 | 메릴린 |
| Mary | 매리 | 메리 |
| Matthew | 매튜 | 매슈 |
| Michael | 미챌 | 마이클 |
| Murray | 머레이 | 머리 |
| Nathan | 나단 | 네이선 |
| Newton | 뉴톤 | 뉴턴 |
| Nicholas | 니콜라스 | 니컬러스 |
| Owen | 오웬 | 오언 |
| Pamela | 파멜라 | 파멀라 |
| Richard | 리차드 | 리처드 |

| Ronald | 로날드 | 로널드 |
| Ruth | 룻 | 루스 |
| Samuel | 사무엘 | 새뮤얼 |
| Simon | 시몬 | 사이먼 |
| Stephen | 스테픈 | 스티븐 |
| Susan | 수잔 | 수전 |
| Theodore | 테오도르 | 시어도어 |
| Thomas | 토마스 | 토머스 |
| Timothy | 티모디 | 티머시 |
| Warren | 워렌 | 워런 |
| Wilfred | 윌프레드 | 윌프리드 |

# 외래어 표기 규칙 10

우리나라 사람들은 언제부터인가 외래어를 참 많이 쓰고 있다. 아마도 앞으로 점점 더 많이 쓰게 되리라 본다. 들리는 말로는 한국 사람이 제일 많이 쓰는 외래어가 '스트레스(stress)'라고 한다. 이 책을 읽는 분들도 어쩌면 스트레스를 많이 받을 것 같아 염려스럽기도 하다. 더구나 외래어 표기 때문에 스트레스 많이 받으신 분이라면 이 글을 읽으며 분명히 또 한 번 스트레스 받으실 텐데…. 그걸 잘 알면서도 계속 써 내려가는 이유는 바로 외래어 때문에 받는 스트레스는 '오늘로 끝'을 기대하기 때문이다.

콤포넌트 시스템을 갖춘 토오쿄오의 쉐라톤호텔에서 습근평과 마츠다를 만나 까나페를 시켜 놓고 섬머타임 어드벤쳐를 의논했다.

말도 안 되는 이 문장은 필요에 따라 만들어 본 억지 문장이다. 그러나 이 문장에는 외래어 표기 규칙이 많이 숨어 있다. 보물찾기 하는 마음으로 하나씩 찾아보는 것은 어떨지…. 먼저 위 문장에서 외래어 표기 오류를 바로잡아 다시 쓰면 이런 문장이 된다.

<u>컴포넌트</u> 시스템을 갖춘 <u>도쿄</u>의 <u>셰러턴호텔</u>에서 <u>시진핑</u>과 <u>마쓰다</u>를 만나 <u>카나페</u>를 시켜 놓고 <u>서머타임</u> <u>어드벤처</u>를 논의했다.

- 콤포넌트 → 컴포넌트
- 토오쿄오 → 도쿄
- 쉐라톤호텔 → 셰러턴호텔
- 습근평 → 시진핑
- 마츠다 → 마쓰다
- 까나페 → 카나페
- 섬머타임 → 서머타임
- 어드벤쳐 → 어드벤처

이 문장 안에는 많이들 잘못 표현하는 주요 외래어 표기 규칙 10가지가 숨어 있다. 이 10가지 규칙만 알아도 웬만한 외래어 표기는 끝! 그렇게 기대한다.

# 외래어 표기 규칙

| 외래어 표기 | 외래어 표기 규칙 |
|---|---|
| compónent<br><br>콤포넌트 → 컴포넌트 | 1) 'con-'이나 'com-'에 악센트 있으면 '콘-', '-콤'으로, 뒤에 악센트 있으면 '컨-', '컴-'으로 적는다.<br><br>cóntents(콘텐츠), condítion(컨디션)<br><br>cómpact(콤팩트), compúter(컴퓨터) |
| とうきょう[東京]<br><br>토오쿄오 → 도쿄 | 2) 일본어 초음엔 거센소리(격음)를 적지 않는다.<br><br>きゅうしゅう[九州] 규슈, とよた[豊田] 도요타 |
| | 3) 일본어는 장음을 적지 않는다.<br><br>きょうと[京都] 교토, こうべ[神戸] 고베 |
| Sheraton<br><br>쉐라톤 → 셰러턴 | 4) sh는 '시'로 적는다.<br><br>sha-(샤/셰이), she-(셰), sho-(쇼), shu-(슈/셔)<br><br>ship(십), shave(셰이브), shop(숍), shut(셧) |
| | 5) 어말에서 '-ton'은 '턴', '-tal'은 '털', '-a/an'은 '아/안'으로 적는다.<br><br>Bolton(볼턴), capital(캐피털), European(유러피안) |
| 習近平<br><br>습근평 → 시진핑 | 6) 중국인명은 신해혁명(1911년) 이후부터 중국어 발음으로 적는다.<br><br>제갈량, 유비 〈신해혁명〉 장쩌민, 마오쩌둥 |
| まつだ<br><br>마츠다 → 마쓰다 | 7) 일본어 'つ'는 '쓰'로 적는다.<br><br>つつがむし(쓰쓰가무시), まつした(마쓰시타) |
| canapé<br><br>까나페 → 카나페 | 8) 대부분 외래어에 된소리 안 쓴다.<br><br>Café Latte(카페라테), cognac(코냑), |
| summertime<br><br>섬머타임 → 서머타임 | 9) 1음운은 1기호로만 적는다.<br><br>Annan(아난), bridge(브리지) |
| adventure<br><br>어드벤쳐 → 어드벤처 | 10) 발음이 'ㅈ'이나 'ㅊ'이면 이중모음을 적지 않는다.<br><br>juice(주스), chocolate(초콜릿), vision(비전) |

# 잘 틀리는
# 사자성어 10

    어느 TV 개그 프로그램에서 욕을 하고 싶은 순간에 욕처럼 들리는 사자성어로 시청자들을 웃게 만들었다. 그게 차마 입으로 말하기는 민망스러운 '시발남아(時發男娥)'였다. 글로 적으니 그래도 좀 나은 편이다. '때가 되면 떠날 줄 아는 아름다운 남자'라는 뜻이라나.

    대화할 때나 글을 쓸 때 한자어로 된 사자성어를 섞어 말하면 좀 있어 보여서 그런지 많이들 활용한다. 네 글자로 의미를 압축해서 전달하기 때문에 때에 따라서는 상당히 효과를 볼 수 있다. 하지만 제대로 쓰지 못하면 없어 보이는 망신(?)도 각오해야 한다. 흔히들 잘못 사용하는 사자성어 10가지를 바로잡아 함께 적었다.

1. 아내와 결혼해 동거동락한 지 35년이 지났다.


  •동거동락 → 동고동락

  •동고동락(同苦同樂): 괴로움도 즐거움도 함께함.


2. 산수갑산을 가더라도 이혼은 절대 안 해!


  •산수갑산 → 삼수갑산

  •삼수갑산(三水甲山): 우리나라에서 가장 험한 산골이라 이르던 삼수와 갑산. 조선 시대 귀양지 중 한 곳.


3. 성우 대부분은 성대묘사를 잘하는 편이라고 들었다.


  •성대묘사 → 성대모사

  •성대모사(聲帶模寫): 다른 사람의 목소리나 새, 짐승 따위의 소리를 흉내 내는 일을 비유적으로 이르는 말.


4. 내일, 내일 하더니 기어이 야밤도주하고 말았다.


  •야밤도주 → 야반도주

  •야반도주(夜半逃走): 남의 눈을 피하여 한밤중에 도망함. ≒야간도주.

5. 그는 권력과 돈을 거머쥐는 양수겹장을 치고 있다.

- 양수겹장 → 양수겸장
- 양수겸장(兩手兼將): 장기에서 두 개의 말이 한꺼번에 장을 부르는 것을 이르는 말인데 양쪽에서 동시에 하나를 노림을 비유적으로 이르는 말이기도 함.

6. 지휘관의 구령에 맞춰 일사분란하게 행진하고 있다.

- 일사분란 → 일사불란
- 일사불란(一絲不亂): 한 오리 실도 엉키지 아니함이란 뜻으로, 질서가 정연하여 조금도 흐트러지지 아니함을 이르는 말.

7. 그는 절대절명의 순간에도 정신 줄을 잡고 있었다.

- 절대절명 → 절체절명
- 절체절명(絕體絕命): 몸도 목숨도 다 되었다는 뜻으로, 어찌할 수 없는 절박한 경우를 비유적으로 이르는 말.

8. 평양감사도 자기가 싫으면 안 하는 거야.

- 평양감사 → 평안감사

• 평안감사(平安監事): 변방이라 조정의 간섭을 잘 받지 않아 선호하는 평안도 지방의 감사(현 도지사).

9. 가장의 사업 실패로 가정이 풍지박산 되고 말았다.

• 풍지박산 → 풍비박산
• 풍비박산(風飛雹散): 사방으로 날아 흩어짐.

10. 그는 홀홀단신 상경해 자수성가한 인물이다.

• 홀홀단신 → 혈혈단신
• 혈혈단신(孑孑單身): 의지할 곳이 없는 외로운 홀몸. ≒혈연단신.

| × | ○ |
|---|---|
| 동거동락 | 동고동락(同苦同樂) |
| 산수갑산 | 삼수갑산(三水甲山) |
| 성대묘사 | 성대모사(聲帶模寫) |
| 야밤도주 | 야반도주(夜半逃走) |
| 양수겹장 | 양수겸장(兩手兼將) |
| 일사분란 | 일사불란(一絲不亂) |
| 절대절명 | 절체절명(絶體絶命) |
| 평양감사 | 평안감사(平安監事) |
| 풍지박산 | 풍비박산(風飛雹散) |
| 홀홀단신 | 혈혈단신(孑孑單身) |

# 잘못 쓰이는
# 높임법 10

"사용 시 불편사항이나 애로사항이 있으실 경우 좌측 인터폰을 이용해 주시기 바랍니다."

고속도로 휴게소에 잠시 들렀다가 커피 자판기 부근에서 좀 어설픈 문장이 눈에 띄기에 적어 둔 것이다. 사실 위 문장은 간단하게 "불편한 점이 있으면 왼쪽 인터폰으로 연락 주십시오."라고 하는 것이 바람직하다. '주시기 바랍니다'처럼 동사가 두 개('주다'와 '바라다') 겹쳐 쓰는 게 반드시 틀리는 건 아니지만 간결하게 본동사 하나만 써도 충분하다.

위 문장에서 한 가지 더 짚고 넘어가야 할 부분은 높임 표현이다. 높임 표현이 중복될 때는 문장 종결 부분에서만 높임을 실현하면 된다.

• ~있으실 경우 ~주시기 바랍니다. → ~있으면 ~주십시오.

그래서 일상에서 흔히 잘못 쓰이는 높임 표현을 예문으로 들어 바로잡고 간결한 설명을 곁들였다.

1. 같은 문장에서 중복 높임은 가급적 종결 부분에서만 실현한다.

- 비서: 회장님께서는 볼일이 <u>있으시다며 나가셨습니다</u>.
- 비서: 회장님께서는 볼일이 <u>있다며 나가셨습니다</u>.

2. 명령형이나 청유형 문장에서 평서형 종결은 바람직하지 않다.

- 간호사: 고객님은 7번 진료실 앞에서 <u>기다리십니다</u>.
- 간호사: 고객님은 7번 진료실 앞에서 <u>기다리십시오</u>.

3. 손님이 아닌 물건을 높일 수는 없다.

- 점원: 손님, 이것은 <u>신상품이십니다</u>.
- 점원: 손님, 이것은 <u>신상품입니다</u>.

4. 손님을 높여야 바른 표현이다.

- 점원: 손님, 오만 원만 <u>내면 되시겠습니다</u>.
- 점원: 손님, 오만 원만 <u>내시면 되겠습니다</u>.

5. 직장에서는 압존법(상위 사람에게 차상위 사람을 낮춤)을 적용하지 않아도 바른 예절로 인정한다(국립국어원 '표준언어예절').

- 사원: 회장님, 김 이사는 출장 갔습니다.(압존법)
- 사원: 회장님, 김 이사님은 출장 가셨습니다.(허용)

6. 자신의 아들이라도 자신의 손자에게는 높이는 게 맞다(가존법).

- 할아버지: 철수야, 너희 아버지 나간다.
- 할아버지: 철수야, 너희 아버지 나가신다.(가존법)

7. '주십시오'는 '다른 사람을 위해 하는 행동'을 표현하는 보조동사이다.

- 사회자: 회의 중에는 휴대전화를 꺼 주십시오.(어색한 표현)
- 사회자: 회의 중에는 휴대전화를 끄십시오/꺼두십시오.

8. 상대의 '소유'도 높여야 한다(간접높임).

- 학생: 선생님께는 딸이 있습니까?
- 학생: 선생님께는 따님이 있으십니까?

9. '말씀'은 '계시다'가 아니라 '있으시다'로 높인다.


 • 사회자: 다음은 시장님의 축사 말씀이 계시겠습니다.
 • 사회자: 다음은 시장님의 축사 말씀이 있으시겠습니다.


10. 직책이나 지위가 아닌 이름으로 답하는 것이 겸양의 표현이다.


 • 저는 한국어문교열연구원 박재역 원장입니다.
 • 저는 한국어문교열연구원 원장 박재역입니다.

교열 경험에 따르면 긴장해서 손을 많이 대야 하는 글에는 몇 가지 공통점이 발견된다. 그중에서도 특히 번역투 표현이 많이 깔린 글이 달문인 경우는 여태 보지 못했다. 번역투 표현이 있다고 해서 무조건 졸문이라고 단정할 수는 없지만 그렇다고 달문으로 분류하기도 어렵다. 한 문장에서 번역투 표현이 두 가지 이상 나타나거나 문서 곳곳에서 눈에 띈다면 누가 이런 글을 달문이라고 예찬하겠나.

　번역투(translationese)는 외국어 문체의 영향을 받아 우리의 전통적인 언어습관을 훼손하는 현저히 다른 문체를 가리킨다. 정보와 지식이 매끄럽게 흐르도록 만드는 도관이라며 번역투 예찬론(?)을 펴는 이(복거일)도 있지만 대부분의 학자는 부정적인 표현으로 보고 있다. 그들은 번역체를 '비틀린 문투'(최인호), '병든 글'(이오덕), '때 묻은 글'(이수열), '이질적인 요소'(김정우) 등으로 표현한다.

신문 기사에서 빈번하게 출현하는 번역체 표현은 줄잡아 40종을 넘긴다. 그중에서 어떤 이유를 대더라도 말리고 싶은 번역투 표현을 10가지로 추려 보았다. 이른바 '졸문의 주범 번역투 10종 세트'를 장만했다. 예문을 뽑은 뒤 원문과 비교하면서 수정하는 방법으로 정리했다.

### 1. 입장

- 원문: 仮(かり)に, 君(きみ)が僕(ぼく)の立場(たちば)だったらどうするかね.
- 번역투: 만약 자네가 내 입장이라면 어쩌겠나.
- 수정문: 만약 자네가 내 처지라면/형편이라면 어쩌겠나.

### 2. 내역

- 원문: 内訳(うちわけ)書
- 번역투: 내역서
- 수정문: 명세서

### 3. 시합

- 원문: 試合(しあい)に敗(まける)
- 번역투: 시합에 지다
- 수정문: 경기에 지다

## 4. 갖다

- 원문: Every year, the G-20 members get together for a summit.
- 번역투: 매년 G20 회원국들은 정상회의를 갖는다.
- 수정문: 매년 G20 회원국들은 정상회의를 연다.

## 5. ~에 대하여/대해/대한

- 원문: But I don't really care about that.
- 번역투: 나는 그것에 대하여 신경 쓰지 않는다.
- 수정문: 나는 그것에 신경 쓰지 않는다.


- 원문: I don't blame him for what he did.
- 번역투: 나는 그가 한 것에 대하여 비난하지 않았다.
- 수정문: 나는 그가 한 것을 비난하지 않았다.


- 원문: He worked on imposing sanctions against Iraq.
- 번역투: 그는 이라크에 대한 제재를 위해 힘썼습니다.
- 수정문: 그는 이라크 제재를 위해 힘썼습니다.

## 6. ~로 인하여/인해/인한

- 원문: The sight is dulled by overstrain.
- 번역투: 과로로 인하여 시력이 약해진다.
- 수정문: 과로로 시력이 약해진다.

- 원문: The flood left thousands of people homeless.
- 번역투: 홍수로 인해 수천 명의 사람들이 집을 잃었다.
- 수정문: 홍수로 수천 명이 집을 잃었다.

- 원문: The accident was due to the negligence of the driver.
- 번역투: 그 사고는 운전자의 과실로 인한 것이었다.
- 수정문: 그 사고는 운전자의 과실에 따른 것이었다.

## 7. ~에 의하여/의해/의한

- 원문: The booklet was issued by the government.
- 번역투: 이 소책자는 정부에 의해 발간되었다.
- 수정문: 이 소책자는 정부에서 발간했다.

- 원문: It is often defined as the "rule by the majority".
- 번역투: 그것은 이따금 '다수에 의한 통치'로 정의된다.

- 수정문: 그것은 이따금 '다수의 통치'로 정의된다.

## 8. ~에 비하여/비해

- 원문: Last year's harvest fell short of the average.
- 번역투: 작년의 수확은 예년에 비해 떨어진다.
- 수정문: 지난해 수확량은 예년보다 떨어진다.

## 9. ~에/데 있어

- 원문: Yeah, I'm just in the middle of it.
- 번역투: 그래, 나는 그걸 진행 중에 있어.
- 수정문: 그래, 나는 그걸 진행 중이야/진행하고 있어.

- 원문: The police are looking over that matter.
- 번역투: 경찰이 그 문제를 조사 중에 있어요.
- 수정문: 경찰이 그 문제를 조사 중이에요/조사하고 있어요.

- 원문: It is the most important thing in life.
- 번역투: 이것은 사는 데 있어 가장 중요한 것이다.
- 수정문: 이것은 사는 데 가장 중요한 것이다.

10. ~을 필요로 하다

- 원문: These pets require a lot of care and attention.
- 번역투: 이들 애완동물은 많은 보살핌과 관심을 필요로 한다.
- 수정문: 이들 애완동물에게는 많은 보살핌과 관심이 필요하다.

# 헷갈리는
## 수치 표현 10

문서에서 수치를 표현하는 방법은 다양하다. 따라서 일관성 있게 표현한다는 것은 쉽지 않다. 한글 맞춤법에서는 화폐단위 등 단위별 띄어쓰기와 관련해서만 일부 규정하고 있다. 아래 예시에서는 맞춤법에서 규정한 띄어쓰기 원칙이 무시되고 있다.

- 2억 5000여만원
- 수천만원 상당

한글맞춤법에 따라 고쳐 적으면 다음과 같다.

- 2억5000여만 원
- 수천만 원 상당

여기서는 한글맞춤법을 근거로 수치 표현 방법을 10가지로 나누고 예를 들면서 기술했다. 원칙이라고 고집할 수는 없지만 수치를 통일성 있게 표현하고자 할 때 적용하면 도움이 되리라 믿는다.


1. 단위를 나타내는 명사는 띄어 쓴다.


- 차 한 대
- 돼지 한 마리
- 옷 한 벌
- 화초 한 포기
- 나무 한 그루
- 종이 한 장


2. 순서를 나타내는 경우나 숫자와 어울려 쓰이는 경우에는 붙여 쓸 수 있다.


- 두시 삼십분 오초
- 제일과
- 삼학년
- 육층
- 2016년 5월 10일
- 2대대
- 16동 502호

- 250원

- 10개

- 7미터


3. 수를 적을 때는 '만(萬)' 단위로 쓰되 띄어 쓴다.


- 십이억∨삼천사백오십육만∨칠천팔백구십팔

- 12억∨3456만∨7898


4. 금액을 적을 때는 변조(變造) 등의 사고를 방지하려는 뜻에서 붙여 쓰는 게 관례
   로 되어 있다.


- 십이억삼천사백오십육만칠천팔백구십팔 원

- 12억3456만7898원


5. 금액 단위를 넣어 쓸 때는 천 단위를 쉼표로 끊어 쓰지 않는다.


- 12억2,300만1,200원 (×)

- 12억2300만1200원 (○)

6. 소수점을 넣어 금액 단위를 제한해 적지 않는다.

- •3.2억 원 (×) → 3억2000만 원 (○)
- •5.8조 원 (×) → 5조8000억 원 (○)

7. 범위를 표현할 때는 금액 단위(만, 억, 조)를 앞 뒤 모두 적어야 한다.

- •30~200만 원 (×) → 30만~200만 원 (○)
- •3, 4만원 (×) → 3만~4만 원 (○)

8. 범위를 표현하는 낱말은 띄어 쓴다.

- •100만∨원∨이하
- •100만∨원∨이상
- •100만∨원∨미만
- •100만∨원∨초과

9. 어림수 표현의 띄어쓰기는 아래와 같다.

- •'약' '몇'은 띄어 쓴다(관형사) → 약 30만 원, 몇 천만 원
- •'수'는 붙여 쓴다(접사)→ 수십만 원, 수백억 원
- •'여', '쯤', '께', '경', '가량'은 앞말에 붙여 쓴다(접사) → 30여만 원, 30만

원경, 30만 원쯤, 30만 원가량

- '정도'는 띄어 쓴다(명사) → 30만 원 정도


## 10. 어림수 표현은 겹쳐 쓰지 않는다.

- 약 30여 명 정도 (×)

- 약 30여 명쯤 (×)

- 약 30여 명 (×)

- 약 30명쯤 (×)

- 약 30명 (○)

- 30명 정도 (○)

- 30명쯤 (○)

- 30여 명 (○)

**3**

# 비교하며 익히는 우리말

# 경신/갱신,
## 경의/갱의

'귀화 추진' 에루페 선수가 새로운 기록을 갱신했다. (전자신문)

2016년 서울에서 열린 서울국제마라톤대회에서 한국 귀화를 추진 중인 마라토너 에루페(28세, 케냐)가 2시간 5분 13초로 우승했다. 2012년 자신이 이 대회에서 세운 기록은 2시간 5분 37초였다. 에루페는 자신의 기록을 24초 앞당겨 결승선을 통과했다. 기록을 '경신(更新)'한 것이다.

한자 '更'은 의미에 따라 '경'으로도 읽히고 '갱'으로도 읽힌다. 이 단어로 결합된 낱말이 '고치다'라는 뜻이면 '경'으로, '다시'라는 뜻이면 '갱'으로 쓰인다. '경신'은 주로 '기록을 경신하다'처럼 '종전의 기록을 깨다'는 의미로 쓰인다. 그러나 '갱신'은 주로 '비자 갱신'이나 '운전면허증 갱신'처럼 유효기간이 끝났을 때 다시 발급한다는 의미로 쓰인다.

• '옷 갈아입다'는 말은 '경의'일까, '갱의'일까?

• '옷 갈아입는 곳'은 '경의실'일까, '갱의실'일까?


'갱의(更衣)'와 '갱의실(更衣室)'은 비표준어다. 이렇게 쓰면 틀린다. '경의'와 '경의실'이 표준어다. '경의' 대신에 '개의(改衣)'로 써도 같은 표준 표현이다. 요즘 들어 '환복(換服)'이란 말이 가끔 눈에 띄는데 이 낱말은 사전에 없는 말이다. 중국어에 '옷을 갈아입다'라는 의미의 '환이푸(換衣服, 환의복)'가 있긴 하다.

그러나 '탈복(脫服)'이나 '제복(除服)'은 전혀 다른 뜻이다. '장례 기간이 끝나 상복을 벗다'는 의미로 쓰인다. '탈상(脫喪)'과 같은 의미의 말이다.

또 표준국어대사전에서는 '경의실(更衣室)'보다는 '탈의실(脫衣室)' 또는 '옷 갈아입는 곳'으로 순화해서 쓸 것을 권한다.

# 내딛어/내디뎌, 갖은/가진

"○○○, 정치인으로 첫 발 <u>내딛어</u>…"

"제가 정치인으로서의 첫 발을 <u>내딛게</u> 되었기에 인사드립니다."

'내딛어'는 틀린 표현이나 '내딛게'는 맞는 표현이다. 우리말에서 일부 준말 어간에는 모음으로 시작하는 어미가 올 수 없기 때문이다. '딛다(디디다)', '내딛다(내디디다)', '갖다(가지다)', '서툴다(서투르다)', '머물다(머무르다)', '서둘다(서두르다)' 같은 준말을 예로 들 수 있다. 이 중에서 주로 '딛다/내딛다'와 '갖다'의 활용 오류가 문서를 교열하다 보면 눈에 많이 띈다.

모음으로 시작하는 어미는 준말 어간에는 붙일 수 없고 본말 어간에만 붙여 쓸 수 있다. 이때 어미 부분을 줄여 쓸 수는 있다.

:: 자음으로 시작하는 어미

- 내딛다(○) = 내디디다
- 내딛고(○) = 내디디고
- 내딛게(○) = 내디디게
- 내딛는(○) = 내디디는


:: 모음으로 시작하는 어미

- 내딛어(×)    → 내디디어(○) 내디뎌(○)
- 내딛었다(×)   → 내디디었다(○) 내디뎠다(○)
- 내딛은(×)    → 내디딘(○)


:: 예문

- 한국어 강사로 첫발을 내디디고부터 행복을 찾았다.
- 한국어 강사로 첫발을 내딛고부터 행복을 찾았다.
- 드디어 한국어 강사로 첫발을 내딛었다.(×)
- 드디어 한국어 강사로 첫발을 내디디었다.
- 드디어 한국어 강사로 첫발을 내디뎠다.
- 한국어 강사로 첫발을 내딛은 후 세상이 새롭게 보였다.(×)
- 한국어 강사로 첫발을 내디딘 후 세상이 새롭게 보였다.


'가지다/갖다'도 같은 원리가 적용된다.

## :: 자음으로 시작하는 어미

- 갖다(○) = 가지다

- 갖고(○) = 가지고

- 갖게(○) = 가지게

- 갖는(○) = 가지는


## :: 모음으로 시작하는 어미

- 갖어(×)　　→ 가지어(○) 가져(○)

- 갖었다(×)　→ 가지었다(○) 가졌다(○)

- 갖은(×)　　→ 가진(○)


## :: 예문

- 아이를 가지고부터는 돈을 벌어야겠다는 의지가 생겼다.

- 아이를 갖고부터는 돈을 벌어야겠다는 의지가 생겼다.

- 결혼한 지 3년이 지나서 아이를 갖었다.(×)

- 결혼한 지 3년이 지나서 아이를 가지었다.

- 결혼한 지 3년이 지나서 아이를 가졌다.

- 아이를 갖은 후 입덧이 심해 음식을 먹을 수가 없었다.(×)

- 아이를 가진 후 입덧이 심해 음식을 먹을 수가 없었다.

# 데기/뜨기/떼기
# 때기/뙈기/판때기

'밭떼기'와 '밭뙈기'는 둘 다 표준어이지만 쓰임은 각각 다르다. 먼저 '밭떼기'는 '밭에서 나는 작물을 밭에 나 있는 채로 몽땅 매매 거래가 이뤄지는 것'을 가리키는 말이다.

- 김장철이 되면 농민과 상인 사이에 채소를 밭떼기로 사고파는 일이 성행한다.

그 대신 '밭뙈기'는 '얼마 안 되는 자그마한 밭'을 이르는 말이다.

- 손바닥만 한 밭뙈기에 농사를 지어 살아가는 형편이다.

이참에 '데기'와 '뜨기', '떼기', '때기', '뙈기'의 쓰임을 각각 정리해 보기로 한다. 사전에서 일일이 찾아보는 수고를 대신 한다는 마음으로⋯.
그래서 자료는 대부분 표준국어대사전에서 가져 왔다.

## ▌-데기

'그와 관련된 일을 하거나 그런 성질을 가진 사람'의 뜻을 더하는 접
미사이다.

- 부엌데기　　　・새침데기　　　・소박데기

## ▌-뜨기

'부정적 속성을 가진 사람'의 뜻을 더하는 접미사이다.
- 사팔뜨기　　　・시골뜨기　　　・촌뜨기

## ▌-떼기

표준국어대사전 표제어에는 접미사로 올라 있지 않지만 '단위' 또는
'도거리'란 의미로 쓰인다.

- 가마떼기　　　・상자떼기　　　・차떼기　　　・밭떼기

## ■ -때기

'비하'의 뜻을 더하는 접미사이다.

　• 배때기　　• 귀때기　　• 볼때기　　• 이불때기　　• 송판때기　　• 표때기

## ■ -뙈기

경계를 지어 놓은 논밭의 구획 또는 단위를 가리킨다.

　• 땅뙈기　　　• 논뙈기　　　• 밭뙈기

## ■ -판때기

얼굴의 속어(속되게 이르는 말)는 '상판때기'일까 '상판대기'일까?
'상판대기'가 표준어이다. 그러면 상판대기의 '대기'는 접사일까 아닐까? 여기서 '상판+대기' 구조가 아니므로 '대기'는 접미사가 아니다. 상판대기는 '상(相)+판대기' 구조로 된 합성어이다. '판대기'는 '판때기'의 비표준어다. 그래서 '금-판때기', '널-판때기'는 모두 '판때기'인데 '상-판대기'에만 '판대기'로 쓰인다.

　• 상판대기　　• 금판때기　　• 널판때기

# 만둣국/만두소

만두피에 만두소를 싸서 빚으면 만두가 된다.

작게 만든 만두를 도토리만두, 크게 만든 만두를 왕만두라 한다. 만두소로 고기를 넣은 건 고기만두, 김치를 넣은 건 김치만두, 새우를 넣은 건 새우만두, 꿩고기를 넣은 건 생치만두, 채소만 넣은 건 소만두, 술지개미를 넣은 건 재강만두이다. 구우면 군만두, 물에 삶으면 물만두, 지지면 자만두, 쪄 내면 찐만두가 된다.

또 만두피를 감자 가루로 하면 감자만두, 만두소를 굴려서 밀가루를 입히면 굴린만두, 녹말가루로 하면 녹말만두, 메밀가루로 하면 메밀만두, 밀가루로만 하면 밀만두, 생선살로 하면 어만두, 참새고기로 하면 참새만두가 된다고 한다.

## ■ 국/찌개/전골/탕

"한국 음식 중에서 국과 찌개, 전골, 탕의 차이를 말씀해 주십시오!"

중국해양대에서 강의할 때 대학생에게서 이런 질문을 받고 한동안 당황스러웠다. 어쩔 수 없이 생각나는 대로 설명하기 시작했다.

"국은 일단 찌개와 전골보다는 국물이 많단다. 찌개와 전골은 국이나 탕보다는 조금 짠 편이고, 탕은 다른 것보다 오래 끓이는 특징이 있지. 전골은 말이다…전골은 말이다…찌개와 비슷하긴 한데…있잖아…전골 냄비에 끓이면 전골이 되겠지…"

애석하게도 아직까지 이 네 가지 음식을 정확히 구별할 수 없다. 그래서 만둣국과 만두전골을 정확히 구별해서 설명하기가 쉽지 않다.

아무튼 끝 글자에 받침이 없는 국의 재료 이름에 '-국'이 결합되면 '만둣국(만두+ㅅ+국)'처럼 사이시옷을 덧붙인다. '-국'이 만두와 결합하면서 '꾹'으로 발음되기 때문이다. 된소리(경음)가 나면 사이시옷이 붙는다는 것은 사이시옷 규칙!

그러나 탕이나 찌개 재료의 이름에는 받침이 없어도 '감자탕', '김치찌개'처럼 사이시옷이 첨가되지 않는다. 이유는 '탕'처럼 거센소리(격음)나 '찌개'처럼 된소리(경음) 앞에서는 사이시옷 첨가가 불필요하기 때문이다. 이 규칙은 이미 앞에서 다루었다.

# ▌만둣속이 아니라 만두소

흔히 '만둣속'으로 잘못 쓰기도 하는 '만두 속에 넣는 재료'는 '만두소'가 바른 표현이다. 음식의 종류에 따라 만두에 넣는 재료는 '만두소', 김치 담글 때 넣는 재료는 '김칫소', 떡 속에 넣는 재료를 '떡소'라고 부른다.

또 재료를 뭘 넣느냐에 따라 '고기소', '깨소', '꿀소', '밤소', '양념소', '콩소', '팥소' 등으로 다양하게 부르기도 한다. 특히 만두소로 고기나 김치, 새우, 채소는 물론이고 꿩고기나 술지개미까지도 넣는다.

일상에서 가끔 '앙꼬 없는 찐빵'이란 말을 들을 수 있는데 '앙꼬(あんこ)'는 빵에 넣는 팥 재료를 가리키는 것으로 일본어에서 온 말이다. '앙꼬'는 '팥소'로 순화해 쓰도록 하고 있다. 아무리 순화어를 쓰는 게 바람직하다고 해도 '팥소 없는 찐빵'으로 쓰기는 왠지 어색할 것 같긴 하다.

# 미상/불상,
## 한 발/한 방

22일 합동참모본부는 "이날 오전 5시 58분께 북한이 원산 일대에서 불상의 미사일 1발을 발사했다"고 밝혔다. (아시아경제)

### ■ 원산 일대에서 미사일을 발사?

'일대(一帶)'란 '일정한 범위의 어느 지역 전부'를 뜻하기 때문에 원산 지역 전체에서 미사일을 발사했다는 표현은 어울리지 않는다. 일대라는 말보다는 '어떤 곳을 중심으로 하여 가까운 곳'을 뜻하는 '부근(附近)'이 잘 어울린다.

• 원산 일대에서 발사 → 원산 부근에서 발사

## ▎불상과 미상

'불상(不詳)'은 '불상(不詳)하다'의 어근 역할만 한다. 독립적인 명사 기능을 하는 단어가 아니다. 그래서 어근 '불상'에 조사 '의'를 붙여 관형어로 쓸 수 없다. '내용물이 불상한 가방', '주소가 불상한 사람'처럼 어간에 어미(전성어미)를 붙여 관형어로는 쓰인다.

따라서 '불상의 미사일'은 '종류가 불상한 미사일'로 고쳐 써야 맞는 표현이 된다. 굳이 관형격 조사 '의'를 붙여 표현하고 싶다면 불상보다는 '미상(未詳)'이란 명사를 활용해 '종류 미상의 미사일'로 표현하면 된다.

- 종류가 <u>불상한</u> 미사일
- 종류 <u>미상의</u> 미사일

## ▎발(發)과 기(基)

'미사일 1발을 발사했다'라는 표현에서 단위 '발(發)'은 '총알, 포탄, 화살 따위를 쏜 횟수나 홈런을 친 횟수를 나타내는 단위'이다. 미사일을 세는 단위는 따로 있다. 바로 '기(基)'이다. '기(基)'는 '무덤, 비석, 탑, 원자로, 유도탄(미사일) 따위를 세는 단위'이다. 따라서 '미사일 1발을 발사했다'는 '미사일 1기를 발사했다'로 표현하는 것이 적절하다.

## ■ 발(發)과 방(放)

'총포를 쏘거나 포탄을 터뜨리는 횟수, 주먹이나 방망이로 치는 횟수, 사진 찍는 횟수, 방귀 뀌는 횟수를 나타내는 단위'로 '방(放)'이 있다. 따라서 총탄이나 홈런은 한 발이나 한 방 모두 가능한 표현이다. 하지만 사진이나 방귀에 단위 '발'을 쓰면 매우 어색한 표현이 된다.

- 사진 한 발 박아 볼까.
- 필름 몇 발 남았어?
- 방귀 몇 발 뀌었다고 너무 그러지 마!

아무도 이렇게는 쓰지 않는다!

# 봉오리/봉우리,
## 망울/멍울

지방에 따라 다르겠지만 봄이면 진달래와 개나리가 진 뒤엔 으레 벚꽃과 목련꽃이 따라 핀다. 그 뒤를 이어 곳곳에서 모양도 다양하고 색깔도 다양한 철쭉이 봉오리를 터뜨리고 아름다운 자태를 드러낸다.

## ▌봉오리와 봉우리

가끔 '봉오리'와 '봉우리'를 혼동해 잘못 쓰기도 한다. '봉오리'는 '꽃봉오리'를 줄여서 쓰는 말이다. 그리고 아직 피지 아니한 어린 꽃봉오리를 '꽃망울' 또는 줄여서 '망울'이라 하기도 한다. '봉오리'는 '꽃봉오리'를, '봉우리'는 '산봉우리'를 줄여 쓰는 말이다.

• 멀리 보이는 봉우리 아래에는 철쭉 봉오리가 만개를 기다리고 있다.

## ■ 망울과 멍울

봉오리와 봉우리를 헷갈려 하듯이 '망울'과 '멍울'도 잘못 쓰일 때가 많다. '망울'은 액체 속에 작고 동글게 엉겨 굳은 덩이를 가리키는 말인데 '멍울'과 같이 쓰인다. 또 망울은 꽃망울과 눈망울의 준말이기도 하다. 특히 꽃망울을 '몽우리'라고도 한다.

- •혹시 우유 속에 <u>망울</u>이 있나 잘 살펴 봐.
- •아이의 <u>눈망울</u>에 눈물이 고였다.
- •어린 꽃봉오리를 <u>꽃망울</u>이라고 한다.

이와 달리 멍울은 '림프샘이나 몸 안의 조직에 병적으로 생기는 둥글둥글한 덩이'를 가리키는 말이다. 따라서 겨드랑이 등에 생기는 것으로, 손에 만져지는 '덩이'는 망울이 아니라 '멍울'이라고 해야 맞다. 멍울이 액체 속에 작고 동글게 엉겨 굳은 덩이를 가리킬 때는 망울과 같이 쓰인다. 그런데 '망아리'나 '멍우리'는 비표준어이다.

- •혹시 우유 속에 <u>멍울</u>이 있나 잘 살펴 봐.
- •혹시 겨드랑이에 <u>멍울</u>이 있는지 확인해 보세요.

# 뵈요/봬요,
## 되요/돼요

"즐거운 주말 되시고 내일 뵈요, 선생님!"

흔히들 문자메시지에 남기는 인사말이다. 실제로 이 문장이 문법에 맞지 않은 표현이란 사실을 아는 사람은 드물다. 문법에 맞게 고쳐 본다.

"주말 즐겁게 보내시고 내일 봬요, 선생님!"

### ▌선생님이 주말이 될 수는 없다!

"선생님, 즐거운 주말 되세요"라는 말은 한마디로 '선생님이 주말이 되시라'는 의미로 해석되는 비문이므로 이런 표현은 쓰지 않아야 한다. 흔히들 "좋은 하루 되세요!", "행복한 새해 되세요!"라고 보내는 문자 메시지 역시 잘못된 표현이다. 거기에다 "가족과 함께 행복한 하루 되세요"라고 하면 가족까지 싸잡아 '하루'가 되라고 하는 셈이 된다. 선생님도 선생님 가족도 절대로 '하루'가 될 수 없다! '보내세요'나 '지내세요'라고 고쳐 말해야 한다.

- "좋은 하루 되세요!" → "좋은 하루 보내세요!"

- "즐거운 주말 되세요!" → "주말 즐겁게 보내세요!"

- "가족과 함께 행복한 하루 되세요!"
  → "오늘 하루 가족과 함께 행복하게 보내세요!"

## ■ 내일 봬요

"내일 뵈요!"라고 하면 틀린 표현이다. "내일 봬요!"라고 해야 맞는 표현이다. 여기에 쓰인 '봬요'의 기본형 '뵈다'는 '보이다'의 준말로 쓰인 것이 아니다. '윗사람을 대하다'는 의미로 쓰였다. '내일 뵈어요'를 줄여 표현하면 '내일 봬요'가 된다. 그래서 '내일 뵈요'라고 하면 틀린 표현이 되는 것이다.

'되요'도 '돼요'도 같은 원리로 보면 된다. '안 되죠'는 맞는 표현이지만 '안 되요'는 틀린 표현이다. '안 돼요'로 써야 맞는 표현이다. '되'와 '돼', '뵈'와 '봬'를 구별해 쓰기가 어렵다면 '하'를 넣어 자연스러우면 '되'나 '뵈'를, '해'를 넣어 자연스러우면 '돼'나 '봬'를 쓰면 된다.

# 설사약과 빚쟁이

약국에 가서 '설사약'을 달라고 하면 '설사가 나게 하는 약'을 줄까, 아니면 '설사를 멎게 하는 약'을 줄까? 아마도 설사를 멎게 하는 약을 줄 것이다. 하지만 사전을 살펴보면 '설사약'은 설사를 나게 하는 '사제(瀉劑)' 또는 '하제(下劑)'와 설사를 멎게 하는 '지사제(止瀉劑)'를 통칭하는 낱말로 올라 있다.

이처럼 한 단어에 상반된 뜻을 담고 있는 단어가 설사약 외에도 몇몇 더 있다. 바로 '빚쟁이'와 '에누리', '팔다'라는 단어다.

'빚쟁이'라는 말에는 '빚을 준 사람(채권자, 債權者)'과 '빚을 진 사람(채무자, 債務者)'을 통칭하는 말이며 '에누리'는 실제 가격보다 높게 부르는 이른바 '바가지'와 낮게 부르는 '할인'을 통칭하는 말이다. 또 '팔다'라는 단어는 '사다(매입)'와 '팔다(판매)'를 통칭하는 말로 대구 등 일부 지방에서 쓰이기도 한다. '쌀 팔러 간다'는 말은 '쌀 사러 간다'와 같은 뜻으로 쓰인다는 말이지만 지금은 거의 사라진 표현이다.

좀 다른 성격이지만 반대 의미의 한자어 발음이 같아서 한글로 표현하면 같은 경우도 있다. 팔 매(賣)와 살 매(買), 줄 수(授)와 받을 수(受) 같은 한자어이다. 따라서 매매(賣買)는 '팔고 사다'라는 의미로, 수수(授受)는 '주고받다'라는 의미로 쓰이는 말이다.

## ■ 매매(賣買)

- 밀매(密賣)와 밀매(密買)
- 암매(暗賣)와 암매(暗買)
- 불매(不賣)와 불매(不買)
- 공매(空賣)와 공매(空買)
- 경매(競賣)와 경매(競買)
- 환매(還賣)와 환매(還買)

## ■ 수수(授受)

- 수업(授業)과 수업(受業)
- 전수(傳授)와 전수(傳受)
- 수상(授賞)과 수상(受賞)
- 수훈(授勳)과 수훈(受勳)
- 수임(授任)과 수임(受任)

## ■ 수거(收去)와 배출(排出)

지금은 거의 바르게 정착된 표현으로 가정에서 '쓰레기를 내놓는 행위'를 가리키는 말로, 처음엔 '분리수거'로 쓰이다 바뀌 쓰이는 '분리배출'이 그렇다. 사실은 '분리배출'이란 말보다 '분류배출'이 더 적합한 표현이다. 그런데 표준국어대사전에는 '분리수거'만 표제어로 올라 있고 '분리배출'과 '분류배출'은 복합어로 올라 있지 않다. 그렇다면 분리수거만 붙이고 분리배출이나 분류배출은 띄어 써야 하는가!

## ■ 봉지(封紙)와 봉투(封套)

또 '쓰레기봉지'로 쓰지 않고 '쓰레기봉투'로 쓰는 데도 할 말은 있다. 봉투는 '편지나 서류 따위를 넣기 위하여 종이로 만든 주머니'를 가리키며 봉지는 '종이나 비닐 따위로 물건을 넣을 수 있게 만든 주머니'를 가리키는 말이다. 봉투의 재질은 '종이', 봉지의 재질은 '종이나 비닐 따위'라는 해석이다. 따라서 '쓰레기봉투'보다 '쓰레기봉지'가 훨씬 어울리는 말이다. 그런데 표준국어대사전에는 '쓰레기봉지'는 없고 '쓰레기봉투'만 버젓이 표제어로 올라 있다. '쓰레기를 담아서 버리는, 주로 비닐로 된 봉지'라는 뜻풀이와 함께. 표제어 '봉투'에는 '종이로 만든 주머니'라 풀이해 놓았으면서도….

이게 국립국어원 표준국어대사전의 한 모습이다! 차라리 순우리말 '쓰레기주머니'로 올렸다면 오히려 박수라도 받을 일이련만….

# 소개시키다/소개하다

우리는 그의 중도사퇴로 외부의 참신한 발상을 국내에 <u>접목시켜</u> 새로운 가능성을 열 기회를 잃었다는 점을 잊지 말아야 한다. (국민일보)

명사 '접목'에 붙은 '-시키다'는 접미사로, 사동('하게 하다') 의미의 동사를 만드는 역할을 한다. '접목'은 '나무를 접붙임'이란 의미로, 나무가 스스로 할 수 없다. 사람이 나무를 접붙이는 것이다. 그러므로 사람이 접목하는 것이지 나무에게 접목하도록 시키는 게 아니다. 따라서 '접목시키다'가 아니라 '접목하다'가 맞는 표현이다.

우리는 그의 중도사퇴로 외부의 참신한 발상을 국내에 <u>접목해</u> 새로운 가능성을 열 기회를 잃었다는 점을 잊지 말아야 한다.

접사 '-시키다'를 잘못 활용하면 아예 틀리거나 뜻이 다른 표현이 되기도 한다.

## ▌'-시키다'를 붙이면 안 된다!

이미 '하게 하다'라는 사동의 의미가 있는 낱말 '접목', '관철', '환기', '결부', '고정', '완성', '소개' 등은 접사 '-하다'와만 어울린다.

- 접목하다: 전통문화에 접목했다.
- 관철하다: 자신의 뜻을 관철하다.
- 환기하다: 창문을 열고 환기했다.
- 결부하다: 그 문제를 이 문제와 결부하지 말아라.
- 고정하다: 시선을 고정하고 관찰했다.
- 완성하다: 연구 끝에 신제품 개발을 완성했다.
- 소개하다: 부모님께 여자 친구를 소개했다.

## ▌'-시키다'를 가려 붙여야 한다!

주동(하다)과 사동(하게 하다)의 의미로 구분해 써야 하는 낱말 '교육', '등록', '복직', '이해', '접수', '입원', '화해', '만족', '취소', '진정' 등에는 주어에 따라 접사 '-하다'와 '-시키다'를 가려 써야 한다.

- 교육하다: 내가 아이를 교육하다(직접 가르치다).

- 교육시키다: 내가 아이를 교육시키다(가르침 받게 하다).


- 등록하다: 내가 학원에 등록하다.

- 등록시키다: 내가 아이를 학원에 등록시키다.


- 복직하다: 내가 회사에 복직하다.

- 복직시키다: 회사 대표가 나를 복직시키다.


- 이해하다: 내가 그 말을 이해하다.

- 이해시키다: 내가 그에게 그 말을 이해시키다.


- 접수하다: 대학에서 지원자의 원서를 접수하다.

- 접수시키다: 지원자가 대학에 원서를 접수시키다.

## ■ '시키다'가 어울리는 대로!

주동과 사동의 의미가 공존하는 '집합', '해산', '향상', '오염' 같은 낱말은 접사 '-하다'나 '-시키다' 중에서 자연스러운 것으로 활용해도 된다.


- 집합하다: 지휘관이 부대원들을 집합하다.

- 집합시키다: 지휘관이 부대원들을 집합시키다.

- 해산하다: 당시 정부는 국회를 해산했다.

- 해산시키다: 당시 정부는 국회를 해산시켰다.


- 향상하다: 이달에는 회사 매출을 향상했다.

- 향상시키다: 이달에는 회사 매출을 향상시켰다.


- 오염하다: 자동차 매연이 대기를 오염한다.

- 오염시키다: 자동차 매연이 대기를 오염시킨다.

# 에요/예요

도대체 이게 <u>뭐에요</u>?

그렇게 하는 게 <u>아니예요</u>.

이렇게 하는 <u>거에요</u>!

　많은 사람이 이렇게 잘못 쓰고 있다. 문장 끝에서 '에요'를 써야 할지, '예요'를 써야 할지 많이 헷갈리기 때문이다. 특히 예문으로 든 '뭐에요', '아니예요', '거에요'처럼 이 세 가지를 제일 많이 틀리게 쓴다. 흔글에서도 '아니예요'와 '거에요'는 잡아내지만 '뭐에요'는 오류를 감지하지 못한다. 보통 받침이 있는 어간 뒤에서는 '이에요'를 쓰고 받침이 없는 어간 뒤에서는 '예요'를 쓰면 된다고 가르치고 있고 또 그렇게들 알고 있다. 틀린 말은 아니지만 활용 구조를 좀 더 정확히 알아둘 필요가 있다. 그렇게 어렵지 않다.

'-에요'는 '이다'나 '아니다'의 '-다' 자리에 쓰여 평서문이면 설명을 나타내고 의문문이면 의문의 뜻을 나타내는 종결어미이다.

## ▌'-다' 자리에 '-에요' 바꿔치기

- 나는 학생이-다.
- 나는 학생이-에요.
- 나는 학생이에요.


- 저것은 달팽이이-다.
- 저것은 달팽이이-에요.
- 저것은 달팽이예요.


- 그건 도깨비불이 아니-다.
- 그건 도깨비불이 아니-에요.
- 그건 도깨비불이 아니에요.
- 그건 도깨비불이 아녜요.

## ▌거예요

'것이다'의 '-다' 자리에 '-에요'를 바꿔 넣으면 '것이-에요'가 된다. 그런데 여기서 '것'이 구어체에서는 '거'로 쓰인다. 그래서 '거이-에요'로,

'거예요'로 쓰게 된다.

- 성공의 지름길은 공부하는 것이-다.
- 성공의 지름길은 공부하는 것이-에요.
- 성공의 지름길은 공부하는 거이-에요.
- 성공의 지름길은 공부하는 거예요.

## ■ 뭐예요?

'무엇이다'에서 '-다' 자리에 '-에요'를 넣어 의문형으로 만들면 '무엇이-에요'가 된다. '무엇'은 '무어'와 같은 말이고 '무어'를 줄이면 '뭐'가 된다. 그래서 '뭐이-에요'로, '뭐예요'로 되는 것이다.

- 저게 무엇이-다.
- 저게 무엇이-에요?
- 저게 무어이-에요?
- 저게 뭐이-에요?
- 저게 뭐예요?

## ■ 아니에요

'아니다'의 '-다' 자리를 '-에요'로 바꿔 쓰면 '아니-에요'가 되고 줄여 쓰면 '아녜요'가 되는 것이다.

- 그 사람이 그런 건 아니-다.
- 그 사람이 그런 건 아니-에요
- 그 사람이 그런 건 아니에요.
- 그 사람이 그런 건 아녜요.

# 역임/지냄/거침

- 1981~1982년 차봉오 회장 재임기간, 1990년 김한성 회장 재임기간 등 수차례 감사를 역임하였다. (민족의학신문)
- 수원 비서실장 등 두루 역임. (경기신문)
- 초대 국가인권위원장을 역임한 김창국 변호사가…. (세계일보)

약력을 소개할 때 이전의 직위를 넣어 말할 때가 있다. 그때 사용하는 낱말이 여럿 된다. 직위 앞에 '전(前)'을 넣기도 하지만 주로 직위 뒤에 '역임(歷任)', '거침', '지냄' 등을 넣는다.

## ■ 역임(歷任)/거침/지냄

'역임(歷任)'은 '과거에 지냈음'이 아니라 '여러 직위를 두루 거쳐 지냄'을 뜻하는 낱말이다. 따라서 '역임'은 한 가지 직위만 거친 경우에는 쓸 수 없는 말이다. 표준국어대사전에는 '역임'을 '거침' 또는 '지냄'으로 순화해서 쓰라고 권하고 있다. 한마디로 이 낱말은 안 쓰는 게 바람직하다. 그 대신 '지냈다/지냄', '거쳤다/거침', '맡았다/맡음' 정도로 쓰면 좋을 것이다.

위에 든 예문은 이렇게 바꾸면 좋을 듯하다.

- 1981~82년 차봉오 회장 재임기간, 1990년 김한성 회장 재임기간 등 수차례 감사를 지냈다.
- 수원 비서실장 등 두루 거침.
- 초대 국가인권위원장을 지낸 김창국 변호사가….

## ▌전(前)

최근 교육부총리로 취임한 이기준 서울대 전 총장에 대해서 서울대저널 과월호에 실린 평가 기사 전문입니다. (서울대저널)

'서울대 총장'이 이기준 교육부총리가 거친 직위이다. 따라서 '전임 서울대 총장'이나 '전 서울대 총장'으로 쓰는 것이 바람직하다. 위에 든 예문은 '전'의 위치를 옮기고 번역투를 없애면 아래와 같은 정갈한 문장으로 바뀔 것이다.

- 최근 교육부총리로 취임한 이기준 전 서울대 총장을 평가한 서울대저널 과월호에 실린 기사 전문입니다.

# 열/렬, 율/률,
# 양/량, 난/란

## ■ 출산율과 출생률

　출산율과 출생률은 같은 말이다. 둘 다 '일정 기간에 태어난 아이가 전체 인구에서 차지하는 비율'을 가리킨다. 다만 출산율은 어머니를 기준으로 낳는 비율을, 출생률은 아기를 기준으로 태어나는 비율일 뿐이다. 국립국어원에서는 출생률로 쓰기를 권한다.

　그런데 출산은 '-율'과 결합하고 출생은 '-률'과 결합한다. '律'처럼 원래 발음이 '률'인 한자어 접미사가 앞말에 받침이 없거나 받침이 'ㄴ'이면 '-율'로, 받침이 있으면 '-률'로 쓴다는 규칙 때문이다. 원래 발음이 '률'인 한자어 접사를 '-률'이나 '-율'로 적는 것처럼 '렬'로 발음되는 '裂'도 마찬가지 규칙으로 적용된다.

- 신용카드 소지율이 높아지면서 한도 소진율도 높아졌다.
- 한도 소진율이 높다는 것은 사용률이 높다는 것이다.

## ■ 작렬과 작열

'태양이 작렬(炸裂)하면 지구의 종말이 온다?'

맞는 말이다. 태양이 '터져서 흩어지는데' 지구라고 성할 리 있겠나. 태양이 '작렬(炸裂)'한다고 적으면 마치 태양이 포탄 터지듯 터져서 쫙 퍼진다는 의미로 해석된다. 태양이 '작열(灼熱)'한다고 적어야 '태양이 이글이글 뜨겁게 타오른다'는 의미로 맞는 표현이 된다.

- 가장행렬을 따라가는 아이들도 행렬을 이루고 있었다.
- 돈 문제가 커지면서 두 사람 사이에 균열이 생기고 말았다.

한글맞춤법에 따르면 작렬의 한자 '-렬(裂)'은 앞 글자의 받침에 따라 '-렬'로 쓰이기도 하고 '-열'로 쓰이기도 한다. 앞 글자에 받침이 없거나 있더라도 'ㄴ'이면 '-열'로 적는다. 앞 글자에 받침이 없는 '파열'과 받침이 'ㄴ'인 '균열'이 바로 그런 예이다.

그중 '균열(龜裂)'은 거북의 등에 난 무늬처럼 갈라지는 현상이라고 해서 '거북 구(龜)'를 쓰지만 '틀 균(龜)'으로 읽힌다. 따라서 '龜裂'은 '구열' 또는 '귀열'이 아니라 '균열'로 읽고 적어야 한다.

- 작렬(炸裂): 포탄 따위가 터져서 쫙 퍼짐.

- 작열(灼熱): 불 따위가 이글이글 뜨겁게 타오름.

- 파열(破裂): 깨어지거나 갈라져 터짐.

- 균열(龜裂): 거북의 등에 있는 무늬처럼 갈라져 터짐.


## ■ 쓰레기양과 배출량

또 '欄'처럼 원래 한자어 발음이 '란'인 것과 '量'처럼 원래 한자어 발음이 '량'인 접사도 규칙에 따라 써야 한다. 앞말이 한자어이면 '-란'과 '-량'으로 쓰고 순우리말이나 외래어이면 '-난'과 '-양'으로 쓰면 된다.


- 가족란에는 모든 가족을 빠짐없이 적어 넣으세요.

- 미디어난은 아빠가 맡아서 채우는 게 어때요?


- 요즘은 아파트마다 쓰레기양이 많아졌다.

- 거기에다 재활용 쓰레기 배출량도 엄청 증가했다.

# 주기/주년

동아일보 교열기자 시절 어느 논설위원이 쓴 사설 초고 제목에 '6.25 전쟁 ○○주기'라는 표현이 들어 있었다. 우리 어문연구팀에서는 당연히 '6.25전쟁 ○○주년'으로 고쳐 보냈다. 잠시 후 논설위원이 우리 팀장에게 전화해서 따졌다. '어떻게 비극적인 일에 주년이라는 표현을 쓰느냐'고….

그는 기어이 '6.25전쟁 ○○주년'이 아닌 '6.25전쟁 ○○년'으로 고쳐 신문에 내보냈다. '주년'은 '좋은 일'에만 쓰이지 않고 두루 쓰이는 말인데 하는 마음에 안타깝긴 했지만 어쩔 수 없이 힘의 논리에 순응하고 말았다.

이처럼 '주년'은 '좋은 일'에, '주기'는 '안 좋은 일'에 쓰이는 낱말이라고 생각하는 사람이 많다. 사전에서 밝힌 의미만 보더라도 잘못된 생각이란 걸 알 수 있다.

:: 주기(周忌)/주년(周年)

주기(周忌)는 '사람이 죽은 뒤 그 날짜가 해마다 돌아오는 횟수'를 나타내는 말이며 주년(周年)은 '일 년을 단위로 돌아오는 돌을 세는 단위'라고 표준국어대사전 뜻풀이에서 밝히고 있다. '주기'는 죽은 '사람'에게만 쓸 수 있는 말이다.

따라서 '6.25전쟁 발발 66주기'나 '천안함격침사건 6주기' 등은 잘못된 표현이다. '6.25전쟁 발발 66주년 기념식'이나 '6.25전쟁 전사자 66주기 추모식' 등으로 표현하는 게 바람직하다. 천안함 사건도 '천안함피격 6주기'가 아니라 '천안함피격 6주년 기념식' 또는 '천안함피격 희생자 6주기 추모식' 등으로 해야 바른 표현이다.

:: 사건 ○○주년/희생자 ○○주기

기념할 만한 좋은 일이든, 희생자가 발생하는 불행한 일이든 매년 돌아오는 그날을 기념하는 행사가 열리게 된다. 기념행사이든, 추모행사이든 열린다. 기념행사이면 '○○사건 △△주년'으로, 추모행사이면 '○○사건 희생자 △△주기'로 구별해서 써야 마땅하다.

- ○○○ 사건 △△주년 희생자 추모대회
- ○○○ 참사 희생자 △△주기 추모대회

:: △△주기 추모행사

아래와 같이 적는 것이 가장 바람직한 표현이다.

　　• ○○○ 대통령 서거 △주년 추모 행사
　　• ○○○ 대통령 △주기 추모 행사

　별세의 의미가 담긴 고(故)와 서거(逝去)를 같이 쓰거나 '서거(돌아가신 사건)'에는 '주기'를 붙여 쓰지 않아야 바람직한 표현이 된다. 따라서 아래처럼 적는 것은 바람직하지 않다.

　　• 고 ○○○ 대통령 서거 △주년 추모 행사
　*고(故)와 서거(逝去)의 중복 표현이 불필요하다.

　　• 고 ○○○ 대통령 서거 △주기 추모 행사
　　• ○○○ 대통령 서거 △주기 추모 행사
　*서거는 △주년이어야 한다.

# 진앙/진원지
# 규모/진도

## ■ 진앙/진원지

피난 권고 지역으로 지정되면서 진앙지로 가는 모든 길은 통제되기 시작했습니다. (MBC TV)

'진앙'이 맞는 표현이고 '진앙지'는 틀린 표현이다. 따라서 위 예문의 '진앙지'는 잘못 쓰인 표현으로 '진앙'으로 고쳐 써야 한다. 표준국어대사전에 따르면 '진원' 또는 '진원지(震源地)'를 진앙과 같은 의미로 쓸 수 있다.

진앙(震央, epicenter)은 지질학 학술 용어로서 표준국어대사전에는 '지진의 진원(震源) 바로 위에 있는 지점'으로, 환경지질연구정보센터(http://ieg.or.kr/main.php)에서는 '진원 바로 위의 지표면 상의 점(Area on surface directly above focus of earthquake)'으로 정의하고 있다.

교열기자의 오답노트

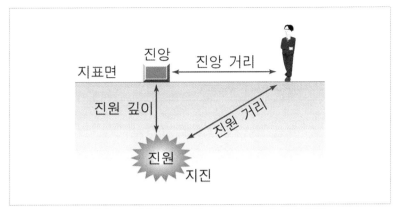

사진 출처: ZUM학습백과(http://study.zum.com/book/15013)

## ■ 규모/진도

지진 소식을 접할 때 꼭 따라붙는 용어로 지진 발생 위치를 나타내는 '진앙' 외에 지진의 세기를 에너지 단위로 나타내는 '규모'가 있다. 지진학자 찰스 릭터(Charles Richter)가 개발했다고 해서 '리히터 규모'(Richter Magnitude Scale) 또는 '릭터 규모'로 불린다. 언론에서는 '리히터 규모'를 쓰기는 하지만 그냥 '규모'로 많이 쓰인다.

한편 지금은 거의 쓰이지 않는 '진도'는 지진에 따른 피해 정도를 기준으로 지진 세기를 측정하는 척도다. 우리나라에서는 2000년까지 '일본 기상청 진도 계급'을 적용해 0(무감)에서 7(격진)까지 8단계로 측정했다. 그러나 2001년부터는 '메르칼리 진도 계급'을 적용해 1에서 12까지 12단계로 측정한다. 규모는 '규모 7.3'처럼 소수점을 사용하지만 진도는 '진도 4'처럼 자연수로만 표시된다.

# 컨대/건대

'받침'은 한글을 적을 때 모음 글자 아래에 받쳐 적는 자음자를 가리킨다. 음절의 꼬릿소리이다. 받침을 한자말로는 종성(終聲) 또는 종자음(終子音)이라 한다. 받침이 있느냐 없느냐, 어떤 받침이냐에 따라 형태소 결합에 영향을 미쳐 자음이 변하기도 하고 탈락되기도 한다.

예를 들면 받침이 없으면 조사가 '가, 는, 를'이 되지만 있으면 '이, 은, 을'이 된다. 받침이 있으면 어미에 '-으려고', '-으로서'처럼 '으'가 끼어들고 받침이 없거나 있다고 해도 'ㄹ'이면 '으'가 필요 없게 된다. 받침이 없거나 'ㄴ'이면 뒤따르는 한자어 '렬' 또는 '률'로 소리 나던 한자어가 '열', '율'로 바뀌기도 한다. 받침 'ㄹ'은 뒤에 'ㅅ, ㅂ, ㄴ, 오'가 따르면 탈락하기도 한다. 이 외에도 받침에 얽힌 사연(?)은 많고도 많다.

그중 하나가 바로 받침 'ㄱ, ㅅ, ㅂ'에 얽힌 사연이다. 받침 'ㄱ, ㅅ, ㅂ'을 뒤따르며 축약되면 '-하'가 탈락하게 된다. '-하-고', '-하-게', '-하-기로', '-하-지', '-하-건대' 같은 구조어가 'ㄱ, ㅅ, ㅂ' 뒤에 서면 각각 '-하'가 탈락되고 '-고', '-게', '-기', '-지', '-건대'만 달랑 붙는다는 말이다.

- 토끼는 물속이 익숙-하-지 않고 자라는 물속이 답답-하-지 않다.
- 토끼는 물속이 익숙지 않고 자라는 불속이 답답지 않다. (○)
- 토끼는 물속이 익숙치 않고 자라는 물속이 답답치 않다. (×)

언젠가 TV에서 그린란드 사람들의 바다표범 사냥 장면을 본 적이 있다. 물위로 고개를 쳐들고 있는 바다표범을 포착한 사람들이 멀리서 총을 여러 발 쏜다. 바다표범이 수면 아래로 사라지자 사람들은 쏜살같이 배를 저어 가까이 다가가 총을 겨눈 자세로 수면을 살피고 있다. 오래 지나지 않아 숨을 쉬려고 물위로 고개를 내민 바다표범의 머리를 향해 여러 사람이 동시에 발사한다. 피를 흘리며 바다에 떠오른 표범을 배에 끌어올리면 사냥 끝!

포유동물인 바다표범은 바다에 살지만 물속에서는 갑갑할 것이다. 하지만 어류는 그렇지 않다. 전혀 갑갑지 않을 것이다. 대부분의 음운이 'ㅎ'과 결합되면 거센소리(격음)로 변한다. '연구하지 → 연구치', '연구하게 → 연구케'처럼 음운변동 현상이 나타난다. 그런데 받침이 'ㄱ, ㅅ, ㅂ'인 앞말이 '-하지'나 '-하게', '-하건대'와 결합하면 'ㅎ'이 탈락된다. 'ㄱ, ㅅ, ㅂ'을 '구둣발'로 기억하면 편리하다.

- 신입사원도 업무회의에 참석게 했다.

· 신입사원도 업무회의에 <u>동참케</u> 했다.


· 돼지는 언제나 <u>깨끗지</u> 못하대.

· 돼지는 언제나 <u>조용치</u> 못하대.


· 핵심 업무는 신입사원들에게 <u>적합지</u> 않다.

· 핵심 업무는 신입사원들에게 <u>간단치</u> 않다.


· <u>짐작건대</u> 올여름은 꽤 덥겠어.

· <u>예상컨대</u> 올여름은 꽤 덥겠어.


어렵지 않다. '구둣발'만 기억하면 된다!

# 타산지석/표상

회사에서 느닷없이 이사 한 분에게 질문을 날렸다. '담이 결리다'와 '담에 걸리다'의 차이가 뭐냐고….

"아니, '담에 걸리다'라는 말도 있나요?"
"네, 있어요. '담에 걸리다'라는 말은 '매독에 걸리다'라는 말이지요."
"이거 말조심해야겠는데요."

'담이 결리다'의 '담'은 '담 담(痰)'자이지만 '담에 걸리다'의 '담'은 '매독'을 뜻하는 순우리말이다. '아 해 다르고 어 해 다르다'는 속담은 같은 내용을 어떻게 말하느냐에 따라 달리 듣게 된다는 말이다. 그러나 이 속담과 달리 아예 다른 내용의 말을 같은 뜻으로 잘못 이해하고 말하는 데서 오는 사례도 있음을 짚은 것이다.

## ■ '타산지석'과 '반면교사'

　문장에서 나타내려는 말의 진의를 정확하게 모르고 사용하다 보면 읽는 이들이 의아해 하는 예가 더러 있다. 그중 한 가지가 바로 '타산지석으로 삼다'라는 표현이다.

　'타산지석(他山之石)'은 시경(詩經)에서 온 말인데 원래 '다른 산의 나쁜 돌이라도 자기 산의 옥돌을 가는 데 쓸 수 있다'라는 뜻이다. 오늘날에 와서 이 말은 '다른 사람의 허물이 자기 삶을 바르게 하는 데 도움이 된다'라는 교훈적 의미로 쓰인다. 상대방의 잘하는 모습 또는 잘되는 모습이 아니라 잘못된 모습에 자신을 비쳐 보고 고쳐 가는 교훈으로 삼을 때 '타산지석으로 삼다'라는 관용적 표현이 쓰인다.

　타산지석과 비슷한 표현으로 '부정적인 면에서 얻는 깨달음이나 가르침을 주는 대상을 이르는 말'을 뜻하는 '반면교사(反面教師)'가 있다. '타산지석으로 삼다'와 '반면교사로 삼다'는 의미가 비슷한 표현이다. 그런데 타산지석과 반면교사를 상반된 의미로 착각하는 경우도 있다. 인터넷에 올라오는 글에서는 이런 오류가 제법 많이 발견된다. 아래 문장과 같은 것 말이다.

　　일본은 반면교사(反面教師)가 아니라 타산지석(他山之石)이다. (서울경제)

　이 문장에서 용어 선택이 잘못됐다. 반면교사와 타산지석은 같은 의미로 쓰이기에 하는 말이다. 내용에 따라 일본의 잘못을 교훈 삼는 문장이라면 '일본은 본보기가 아니라 타산지석이다'라고 해야 할 것이며 일본의 잘된 점을 교훈 삼는 문장이라면 당연히 '일본은 타산지석이 아니라 본보기이다'라고 해야 할 것이다.

## ■ '본보기'와 '표상'

한편 타산지석과 상반되는 표현으로 '본받을 만한 대상'을 가리키는 말인 '본보기'와 '표상(表象)'이 있다. 상대의 잘하는 모습이나 잘되는 모습을 교훈으로 삼을 때는 '본보기로 삼다' 또는 '표상으로 삼다'라는 관용구를 사용한다. 물론 표준국어대사전에서는 한자말 '표상'을 순우리말인 '본보기'로 순화해서 쓸 것을 권하고 있다.

중국·대만 정상회담, 타산지석으로 삼아야. (연합뉴스)

이 문장 역시 타산지석의 의미를 오해하고 쓴 문장이다. 중국과 대만의 정상회담을 우리나라 국민이 부러움으로 바라보는 바람직한 일이라면 당연히 '중국·대만의 정상회담, 본보기로 삼아야'로 적어야 할 것이다.

사자성어는 길게 표현돼야 할 내용을 단 네 글자에 담을 수 있어서 의미 전달에 효과적이다. 그러나 위에 예로 든 두 문장처럼 잘못 쓸 바에야 차라리 안 쓰는 게 낫다. 그래서 글을 쓰는 사람들은 국어사전을 커피 마시듯(?) 수시로 들춰봐야 한다. 그게 스스로 창피를 막는 지름길일 수도 있다.

# 피난/피란

전시는 1950년 한국전쟁 당시 중국군의 참전으로 함경남도 흥남부두를 통해 <u>피난했던</u> 전쟁의 기록이다. 흥남부두를 향하는 <u>피난민들의</u> 모습을 시민들이 관람하고 있다. (경향신문)

'피난(避難)'과 '피란(避亂)'은 쓰임이 다르다. 반드시 구별하여 써야 한다. 6.25전쟁을 피해 옮겨 간 것은 '피난'이 아니라 '피란'이라고 해야 옳은 표현이다. 피란은 국가 간 전쟁이나 내전 같은 난리 상황을 피해 떠나는 것이고 피난은 지진이나 수해 같은 재난을 피해 떠나는 것이다.

- 피난(避難): 재난을 피하여 멀리 옮겨 감.
- 피란(避亂): 난리를 피하여 옮겨 감.

지진이나 화산 폭발, 화재, 태풍, 물난리 등을 피해 옮겨 가는 것은 '피난', 이동하는 사람은 '피난민', 무리를 지어 이동하면 '피난 행렬'이 된다. 지진이 일어나면 피난을 가야 한다. 피란을 가는 것이 아니다.

그러나 전쟁 등 난리를 피해 거처를 옮겨 가는 것은 '피란', 이동하는 사람은 '피란민', 무리 지어 이동하면 '피란 행렬'이 된다. 전쟁이 일어나면 '피란'을 가야 한다. 피난을 가는 것이 아니다.

이 땅에 다시는 '피난'할 일도, '피란'할 일도 없기를 기원하는 마음 간절하다.

# 박 재 역

중학교 교사를 접고 동아일보 교열기자로 입사했다. 동아일보에서 정년퇴직 후 중국해양대학교 한국학과 초빙교수로 재직하며 중국 대학생들에게 한국어를 가르쳤다. 현재는 한국어문교열연구원을 운영하면서 문서 교열과 등록민간자격 '어문교열사' 양성 교육을 진행하고 있다. 저서로는《성경고유명사사전》(2008, 생명의말씀사)과《다 쓴 글도 다시 보자》(2021, 글로벌콘텐츠)가 있다.

휴대전화  010-6745-9927

블로그  http://blog.naver.com/jacobp1

홈페이지  www.klpi.kr